빠르게 보는 우주의 역사

빠르게 보는 우주의 역사

우주의 탄생에서 현재까지

클라이브 기퍼드 글 | 롭 플라워스 그림 | 이한음 옮김

차례

6 들어가는 말

8 모든 것은 어떻게 시작되었을까?
우주의 시작, 빅뱅

10 눈 깜박할 시간
우주 최초의 순간, 플랑크 시대

12 우주가 시작되고 1초 후
빅뱅 1초 뒤의 모습

14 물질이란 무엇일까?
물질을 이루는 원자

16 내 짝을 찾아라!
원자의 시작, 핵합성 시대

18 점점 더 커져라
팽창하는 우주

20 시간 여행을 할 수 있을까?
시간의 시작

22 우주를 지배하는 힘
강한 핵력, 약한 핵력, 전자기력, 중력

24 중력이 없었다면?
우주를 만드는 데 힘쓴 중력

26 빛은 무엇으로 이루어져 있을까?
광자

28 뿌연 우주
빛을 가로막은 자유 전자

30 드디어 완전한 원자가 되다!
양성자와 전자의 결합

32 비둘기 똥을 치우다 찾은 빅뱅 이론의 증거
우주 마이크로파 배경 복사

34 눈에 보이지 않는다고 없는 걸까?
암흑 물질

36 어둠 속에서 일어난 일
우주 암흑 시대

38 별이 되어라!
별이 만들어진 과정

40 우주를 밝혀라
우주를 밝힌 최초의 별

42 탄소의 등장!
점점 더 많은 원소의 생성

44 우주의 거대한 구름
성운

46 점점 가까워지는 은하들
최초의 은하와 거대 은하

48 별은 얼마나 있을까?
우주의 별 세기

50 비슷한 별들끼리 모아 볼까?
별을 분류하기

52 다양한 은하들
은하의 모양

54 은하들이 모이면?
은하군과 은하단

56 우주의 과거만 볼 수 있다고?
별과 은하 관측

58 연료를 다 쓴 별은 어떻게 될까?
별의 죽음

60 짧고 굵게 사는 별
거대한 별의 끝, 초신성

62	검은색보다 더 검은 것은? 블랙홀	90	생명체가 살기에 딱 좋은 지구 생물들의 진화
64	작지만 무거운 별 중성자별과 펄서	92	인간이 꼴찌라고? 인류의 등장
66	여전히 우주는 크고 있어 우주가 팽창하는 속도	94	행성은 어디에나 있어 다른 항성계의 외계 행성들
68	안녕, 태양계! 태양계의 형성	96	외계인은 정말 있을까? 외계 생명체
70	행성 건설 계획 행성의 탄생	98	세상의 끝을 알고 싶니? 지구의 종말
72	태양계 행성을 소개할게 태양계 행성	100	우주의 종말은? 우주 종말 이론
74	행성의 장신구 위성	102	찢겨 나갈까, 짜부라질까? 또 다른 우주 종말 이론
76	멋진 위성들 태양계의 다양한 위성들	104	이 모든 것을 어떻게 알아냈을까? 우주 연구의 역사
78	공룡의 멸종 이유? 소행성	106	우주는 얼마나 넓을까? 광년과 우주의 크기
80	내 이름을 맞혀 봐 유성체, 유성, 운석의 차이	108	우주 탐사 시간표
82	털북숭이 별 혜성	116	지구에서 우주를 여행하는 법
84	누구도 살 수 없던 지구 초기 지구의 모습	120	우주 퀴즈
		122	용어 설명
86	땅이 쪼개진다고? 대륙의 형성	125	우주 퀴즈 정답
88	생명의 기체! 생명체의 탄생	126	찾아보기

들어가는 말

이 책은 **모든 것**의 이야기야.

무슨 말이냐고? 우리가 아는 가장 **큰** 것은 무엇일까? 그래, 바로 우주야.

우주는 우리가 아는 모든 것이지. (아직 밝혀지지 않은 것들도 많지만 말이야.) 별, 행성, 달, 은하, 혜성, 먼지, 가스, 이 모든 것이 있는 **아주 아주 아주 큰** 공간이 우주야.

우주에는 우리가 눈, 코, 입, 귀, 피부 같은 감각 기관을 통해 보고, 냄새 맡고, 맛보고, 듣고, 만지며 경험할 수 있는 것이 다 있어. 우리가 직접 경험할 수 없는 것까지도 있지.

또 우주에는 어떤 것들을 쌩쌩 움직이게 하고, 이런저런 것들을 **꽝** 충돌시키거나, 서로 꼭 붙어 있는 것들을 **떼어 놓는**, 눈에 보이지 않는 신비한 힘과 에너지도 있어. 참, 말했던가? **시간**도 우주의 일부야.

우주의 역사를 알면 우주를 이해하는 데 도움이 돼. 과학자들은 우주가 약 138억 년 전에 시작되었다고 믿어. **'거의 아무것도 없다'**에서 우리가 상상할 수 있는 **'모든 것'**이 생겨났지. 이 책은 이런 경이로운 우주의 역사를 이야기할 거야.

가장 큰 **폭발** 이야기와 시간이 생기기 이전의 이야기도 나올 거야. 과연 외계인이 정말 존재하는지도 알게 될 거야. (솔직히 말하면 아직 확실히 몰라. 하지만 어느 쪽 가능성이 더 큰지 알아볼 거야.)

자, 준비됐어? 시간과 공간을 넘어 놀라운 여행을 떠나 볼까?

모든 것은 어떻게 시작되었을까?

맨 처음에는 아무것도 없었어.

정확히 말하자면 아무것도 없었던 건 아니야. 우주 전체가 맨눈으로 볼 수 없을 만큼 **아주아주 작은 점**으로 **압축**되어 있었지.

냉장고를 열었는데 달콤한 아이스크림뿐만 아니라 모든 음식이 눈에 보이지 않게 **아주아주 작아져** 있다고 상상해 봐. 그러면 먹을 것이 아무것도 없다고 투덜거릴 만하겠지?

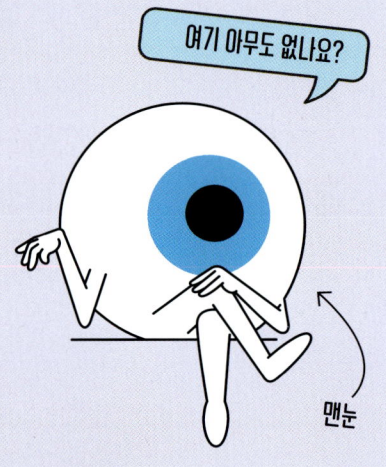

얼마나 작은 점이었냐면, 이 문장의 마침표보다 수백만 배의 수백만 배는 **더 작았어.**

공간, 시간, 에너지를 포함해 우주를 이루는 모든 것, **정말로 모든 게** 아주아주 **작은 점**으로 압축되어 있었어. 그러다 어느 순간 믿기지 않는 일이 일어났어.

우리가 상상할 수도 없을 만큼 짧은 시간 동안 우주가 엄청나게 **빠르게** 팽창하기 시작했어.

이 순간을 **'빅뱅'**이라고 해. 빅뱅(Big Bang)은 커다란(Big) 폭발(Bang)이라는 뜻이야. 그래서 빅뱅이란 말만 들으면 좀 헷갈리긴 해.

과학자들은 폭탄이 터지는 것처럼 우주가 한순간 '쾅' 하고 폭발한 게 아니라, 풍선이 어느 순간에 믿어지지 않을 만큼 엄청난 속도로 부풀듯이 **팽창하기** 시작했다고 봐.

과학자들은 이렇게 우주가 시작되었다고 생각해. 정말로.

나는 빅뱅이 아니라, '물질과 에너지의 엄청나게 빠른 팽창'이라고 불러야 한다고 봐!

음, 헷갈리지 않겠는걸!

눈 깜박할 시간

우주가 탄생한 최초의 순간은 어땠을까? 빅뱅 이후 1초도 안 되는, 아주아주 짧은 기간을 **플랑크 시대**라고 해. 유명한 물리학자 **막스 플랑크**의 이름을 딴 거야.

플랑크 시대는 정말 짧았어. 플랑크 시대를 550,000조 곱하기 1조 곱하기 1조만큼 이어 붙여야 눈 한 번 깜박할 시간이 될 거야.

과학자들은 **플랑크 시대**에 정상적인 물리 법칙이 적용되지 않았다고 봐. 하지만 실제로 무슨 일이 있었는지는 아무도 모르는 수수께끼야. 물론 왜 양말이 늘 한 짝만 보이는지, 왜 집을 나선 뒤에야 뭔가 놓고 왔다는 사실을 알아차리는지도 수수께끼이긴 해. 그렇지만 플랑크 시대는 아주아주 훨씬 더 큰 수수께끼야!

플랑크 시대가 지난 뒤, 우주는 신이 난 강아지보다 더 에너지가 넘치고, 아주 뜨겁고 밀도가 높았어. 우주는 무척 짧은 시간 동안 믿어지지 않을 속도로 **팽창했어.** 1조 분의 1초도 안 되는 시간에, 원자보다 **작은** 크기에서 자몽만 한 크기로 약 1만 배 커졌어.

우주
나이: 1조 분의 1초

1조 분의 1초가 지난 뒤, 우주는 태양계만 한 크기로 **부풀었을 거야.** (68쪽을 보면 태양계에 대해 자세히 알 수 있어.) 그때쯤 우주는 꽤 식은 상태였지만, 그래도 온도가 **100억 도**였어. 아주 무더운 여름날의 기온이 35도인데, 100억 도는 얼마나 뜨거운 걸까?

그런데 우주가 시작되고 1초가 지났을 때는 더욱 많은 변화가 일어나고 있었어.

10,000,000,000도!

우주가 시작되고 1초 후

1초가 지났을 때, 우주는 태양계의 약 1천 배로 **커져** 있었어. 온도는 더 식었지. 그래도 **10억 도**쯤 되었을 거야.

아주 빠른 팽창과 터무니없이 뜨거운 온도로도 부족했나 봐. **재밌고 이상한** 일들이 일어났어. 하지만 볼 수는 없었을 거야. 우주가 자유 전자로 가득 차 있었거든.

전자는 전기 현상을 일으키는 아주 **작은** 입자야. 보통은 외부에서 에너지를 얻기 전까지 움직이지 않아. 그런데 자유 전자는 외부에서 에너지를 얻지 않아도 자유롭게 움직일 수 있지. 이렇게 자유롭게 움직이는 자유 전자는 빛의 진행을 방해해. 우리는 물체에서 반사된 빛이 눈에 들어와야 그 물체를 볼 수 있어. 따라서 빛이 나아갈 수 없으면, 우리는 아무것도 볼 수 없지. (물론 빅뱅 직후에는 우리도 우리 조상들도 없었고, 사실상 볼 만한 것도 전혀 없긴 했어.)

그런데 눈에 보이지 않는다고 해서, **아무 일**도 일어나지 않고 있다는 뜻은 아니야. 그때 우주에서는 **뭔가** 벌어지고 있었어.

우주 '수프'가 빠르게 생겨나고 있었지. 전자뿐 아니라 쿼크와 반쿼크 같은 입자들이 들어 있는 수프였어. 이 입자들은 **빅뱅**으로 생긴 최초의 입자들에 속했어. 빅뱅 이후로 1백만 분의 1초 사이에 생겼지. 과학자들은 **위 쿼크, 아래 쿼크, 꼭대기 쿼크, 바닥 쿼크, 야릇한 쿼크, 맵시 쿼크**, 이렇게 6가지 쿼크가 있다고 해.

쿼크는 곧 서로 결합해서 양성자와 중성자 같은 입자들을 만들었어. **양성자**와 **중성자**는 잘 몰라도, **원자**는 들어 보았겠지? 원자는 물질을 이루는 가장 **작은** 알갱이야. **양성자, 중성자, 전자**로 구성되어 있지. 우주의 모든 물질은 원자라는 이 작은 기본 입자로 이루어져 있어.

원자의 이야기는 아주 길어. 로맨스 영화보다 더 많은 만남과 헤어짐으로 가득해. 그 이야기를 시작해 볼까?

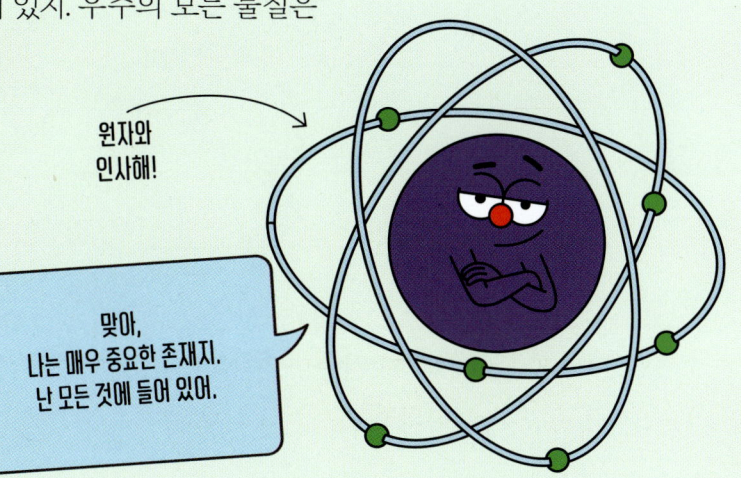

물질이란 무엇일까?

　우리 주변에 있는 **모든 것**들은 다 물질이야. 이 책도, 테니스공도, 손톱도 **모두** 물질이지. 물질은 맨눈에 보이지 않는 작은 곰팡이부터 비행기, 고층 건물, 행성, 별에 이르기까지 크기가 아주 다양해.

　아주 초기의 우주에는 우리가 알아볼 수 있을 만한 물질이 **전혀** 없었어. 테니스공도 손톱도 없었지. 대신 원자를 만들어 낼 입자들이 있었어. 원자가 만들어진다는 건 물질이 생겨날 수 있다는 거야. 모든 물질은 원자로 이루어져 있으니까.

원자가 '더는 쪼갤 수 없다'는 뜻의 그리스어에서 온 걸 아나 몰라?

　원자는 놀라울 만큼 **작아.** 원자 약 1억 개를 한 줄로 늘어놓으면 손톱 두께만 할 거야.

　원자의 중심에는 **양성자**와 **중성자**가 결합한 원자핵이 있어. 원자핵 주위에는 하나 이상의 **전자**가 돌고 있지.

속이 빈 느낌이야.

원자는 99.99퍼센트 이상이 빈 공간으로 이루어져 있어!

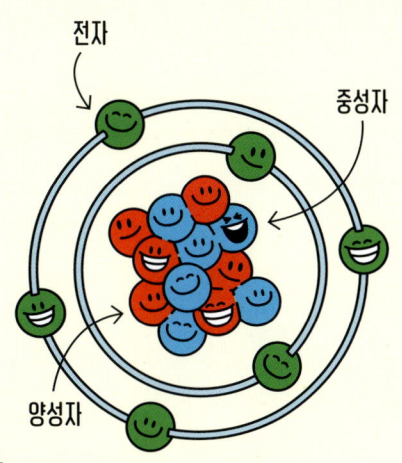

　원자는 양성자와 전자의 개수에 따라 성질이 달라지는데, 그 성질에 따라 이름을 붙인 걸 화학 원소(원소)라고 해. 원소인 헬륨의 원자에는 전자 2개, 양성자 2개, 중성자 2개가 들어 있어. 탄소 원자에는 6개씩 들어 있지. **원자**는 대개 **전자**와 **양성자**의 수가 같아.

　우리가 현재 알고 있는 원소는 118종이야. 92종은 자연에서 발견했고, 나머지는 과학자들이 실험실에서 만든 거야. 원소는 **납**같이 무겁고 부드러운 금속부터 **산소**와 **헬륨**같이 가벼운 기체까지 다양해. 가장 가벼운 원소는 **수소**야.

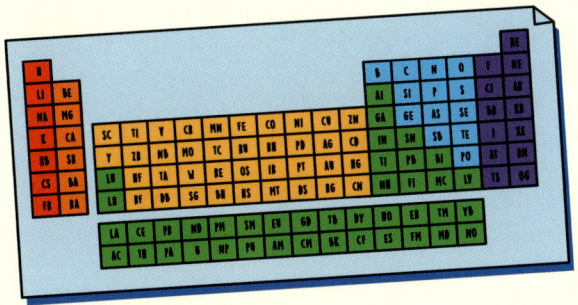

주기율표는 원소들을 화학적, 물리적 특성이 비슷한 것끼리 분류한 표야. 이런 모습이야.

　빅뱅이 일어나고 몇 분이 지나자 중성자와 양성자가 결합할 수 있을 만큼 온도가 떨어졌어. 그러자 중성자와 양성자는 함께 춤출 상대를 찾듯 짝을 짓더니 최초의 원자핵이 되었지. 오, 예! 아직 완전한 원자는 아니지만, 원자를 향해 나아가고 있었어.

　과학자들은 이 시기를 **핵합성 시대**라고 해. 그런데 핵합성 시대는 길지 않았어.

양성자와 중성자가 결합하면 원자핵이 되지.

내 짝을 찾아라!

양성자와 중성자가 서로 짝을 짓는 시간은 오래 계속되지 않았어. **핵합성 시대**는 **빅뱅** 이후 20분 안에 다 끝나 버렸거든. 와!

중성자와 짝을 짓지 못하고 홀로 남은 **양성자**도 많았어. 양성자는 개의치 않았지. 양성자는 **양전하**를 띠고 있어서, 언제나 긍정적이니까. (물론 농담이야.

양전하는 기분과 전혀 상관없어. 전하는 전기 현상을 일으키는 물질의 성질을 뜻해. 양(+)전하, 음(-)전하, 두 종류가 있지.)

중성자와 짝을 짓지 못한 양성자들은 혼자여도 씩씩했어. 혹시 수소라고 들어 봤니? 수소는 우주에서 가장 많은 화학 원소인데, 보통의 원소들과 달리 원자핵에 중성자가 없어.

다시 말하면 홀로 있는 양성자는 그 자체가 수소의 원자핵이야. 중성자가 필요 없는 원자핵이지.

핵합성 시대가 끝났을 때, 우주에는 엄청나게 많은 양성자가 구름처럼 퍼져 있었어. 헬륨 원자핵도 많이 섞여 있었고. (리튬처럼 가벼운 원소도 조금 있었어.)

완전한 원자가 되려면, 원자핵에 전자가 결합되어야 해. 주변에 자유 전자가 **많다**고 했으니까, 쉬운 일처럼 들릴 거야. 게다가 전자는 **음전하**를 띠니까, 당연히 양전하를 가진 양성자에 끌리지 않겠어? (음전하와 양전하는 짝꿍이야.)

문제는 우주가 아직 **너무 너무 너무 뜨거웠다**는 거야. 입자들도 그만큼 에너지가 많아서 엄청 빨리 움직였지. 서로 계속 세게 부딪쳐서 **튕겨 나가곤** 했어. 서로를 붙들어서 원자를 이룰 수가 없었어.

원자가 만들어지려면, 우주가 더 커지고, 더 식어야 했어.

점점 더 커져라

양성자와 중성자가 결합하고 있는 동안, 우주는 계속 팽창하고 있었어. 빅뱅 이후 10초가 지났을 때, 우주의 지름은 약 100광년까지 늘어나 있었지. 지구에서 태양 다음으로 가까운 별인 프록시마 켄타우리까지의 거리보다 약 20배 긴 거리야.

그리고 20분 뒤, 우주의 지름은 약 3,000광년으로 늘어났어.

1광년이 얼마나 **먼** 거리냐고? 1광년이 되는 거리를 걸어간다면(걷는 속도를 시속 4.8킬로미터라고 할 때) 2억 1500만 년 넘게 걸릴 거야! 쉬지도 자지도 않고 화장실도 안 가고 걷는다고 할 때 그래. 당시 우주는 정말로 상상할 수도 없이 엄청 빠르게 팽창했어. (광년에 대해 더 자세히 알고 싶으면 106~107쪽을 봐.)

우주는 모든 방향으로 점점 **커지고** 또 **커졌어.** 지금도 커지고 있지. 하지만 그 모습이 아빠의 허리둘레나 만화에서 눈 뭉치가 비탈을 굴러 내려가면서 커지는 것과는 달라.

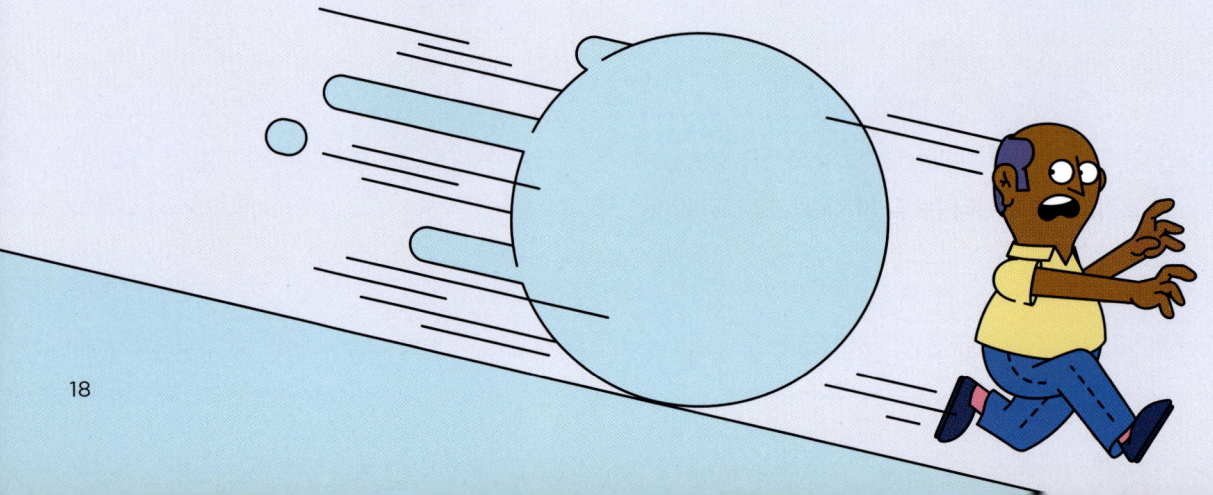

우주는 팽창해서 뭔가가 되는 게 아니야. 우주는 팽창하는 공간 자체야. 무슨 말인지 헷갈리지?

우주를 풍선이라고 생각하면 좀 도움이 될 거야. 자, 작은 점들이 찍혀 있는 풍선을 떠올려 봐. 점은 물질을 나타내. 풍선을 불면, 점 사이의 거리가 **늘어나**. 더 불면 더 **늘어나지**.

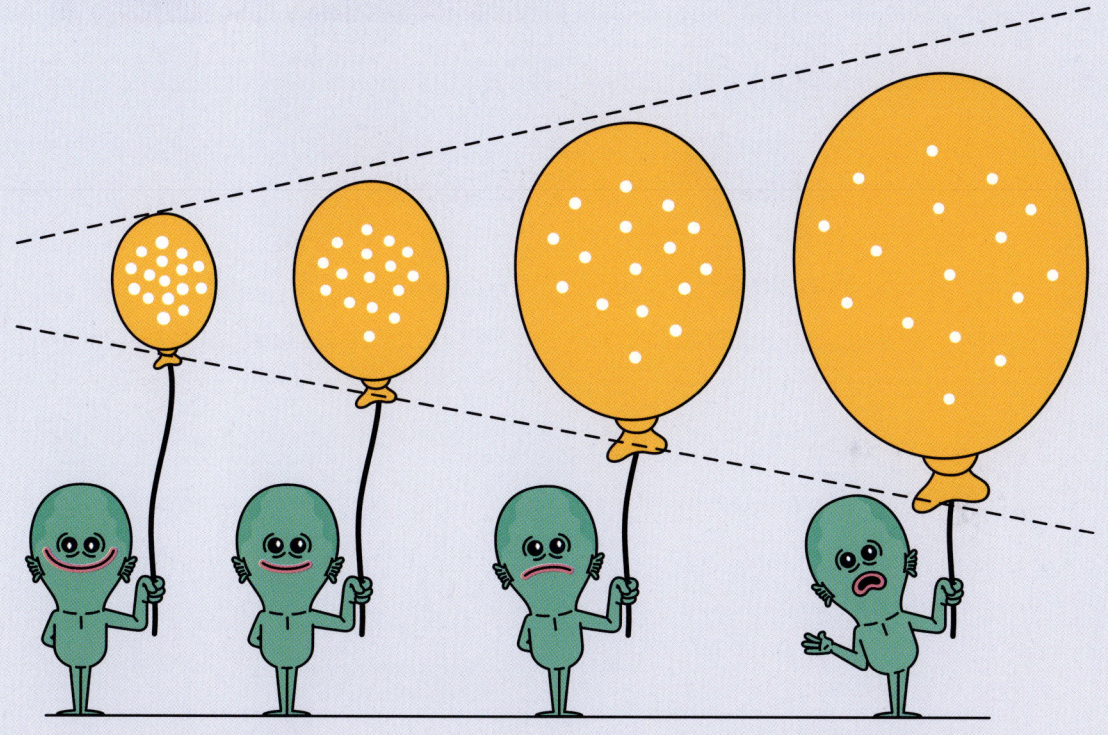

우주도 그랬어. 30만 년도 안 되는 아주 짧은 기간에 지름이 수백만 광년으로 늘어났어. (약 138억 년이나 되는 우주의 역사 전체로 본다면 30만 년은 무척 짧은 기간이지.)

그리고 시간이라는 말이 나왔으니 말인데….

시간 여행을 할 수 있을까?

우리는 시간을 가리킬 때 '**이전**', '**이후**', '**현재**', '**미래**' 같은 말을 써. 한번 시간 **이전**의 시간을 상상해 봐. 잘 상상이 안 될 거야.

대부분의 과학자는 '빅뱅 이전' 같은 것은 없다고 말해. 빅뱅 이전에는 시간이 아예 존재하지 않았다는 거지. 공간이나 에너지와 마찬가지로 **시간**도 빅뱅 이후에 시작되었고, 그 뒤로 죽 이어져 왔다고 봐.

폭(가로), 길이(세로), 높이라는 **세 가지 차원**을 지닌 물질과 달리, 시간은 차원이 하나야. 즉, 한 방향으로 계속 나아가지. 우리가 아는 한, 시간은 멈출 수도, 되돌릴 수도 없어. 시간 여행자가 되고 싶은 사람에게는 안타까운 일이지만 말이야.

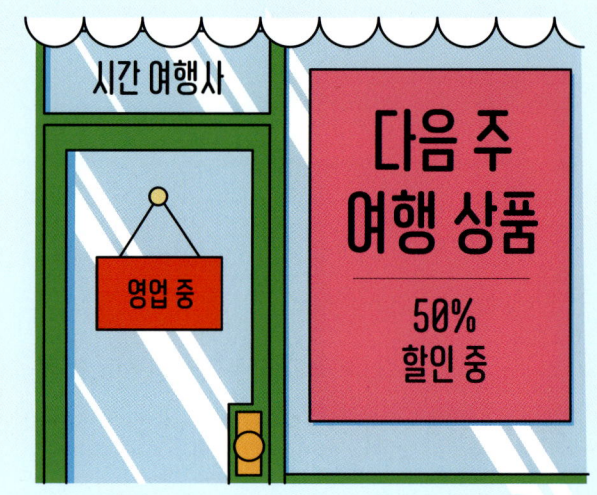

만약 시간을 천천히 흐르게 하고 싶다면 **빛의 속도**만큼 빠르게 움직이면 돼. 이 놀라운 개념은 20세기 **최고**의 천재 과학자 **알베르트 아인슈타인**이 처음 발견했어. 이를 시간 팽창이라고 해. 터무니없을 만큼 빨리, 즉 빛의 속도에 가깝게 움직이면 시간이 더 천천히 흐른다는 뜻이야.

블랙홀로 빨려 들어가지 않고 그 가장자리를 도는 짜릿한 우주여행을 한다면, 실제로 경험할 수 있을 거야. (블랙홀에 대해서는 62~63쪽을 보면 더 자세히 알 수 있어.) 고작 1년만 여행하고 지구로 돌아왔는데 친구들은 이미 어른이 되어 있을 테니까.

시간 여행 이야기가 나왔으니까, 빅뱅 이후 1초가 되기 전, 물체의 움직임에 영향을 미치는 **모든** 중요한 힘들이 하나로 통합되어 있던 시기로 가 보자.

우주를 지배하는 힘

빅뱅 이후에 우주를 지배하는 네 가지 힘이 나타났어. 슈퍼히어로의 초능력 같은 건 아니니까 너무 기대하지 말고.

그럼, 놀라운 네 가지 힘을 살펴볼까?

첫 번째 힘은 **강한 핵력**이야. 강한 핵력은 양성자와 중성자를 원자핵에 묶어 두는 힘이야. 무척 세지만 원자 안에서만 작용해. 즉, 아주아주 짧은 거리에서 작용하는 힘이야.

두 번째 힘은 **약한 핵력**이야. 약한 핵력도 원자 안에서만 작용해. 몇몇 원자를 다른 원자로 변환하거나, 원자를 붕괴시키고 **방사성**을 띠게 하는 힘이야.

세 번째 힘은 **전자기력**이야. 전자와 양성자처럼 전하를 띤 입자는 모두 전자기력에 영향을 받아. 전자기력은 원자와 분자(분자는 물질이 가진 성질을 잃지 않고 나누어질 수 있는 가장 작은 입자를 말해. 원자들이 결합해서 만들어지지.)를 하나로 묶고 **빛**(빛에 대해 더 자세히 알고 싶으면 26~27쪽을 살펴봐.)과 전파 같은 전자기 복사를 생성하는 등 많은 일을 해. 또 자기장과 전기장도 만들지. 우리는 전자기력을 써서 **전기**를 만드는 법도 알아냈어.

네 번째 힘은 **중력**이야. 중력은 물체가 서로 끌어당기는 힘이야. 우주를 이야기할 때 아주 중요하니까, 바로 뒷장에서 따로 설명할 거야. 나머지 세 힘이 좀 질투를 하겠지만, 정말 중력은 중요하거든.

과학자들은 **빅뱅** 직후에는 이 네 가지 힘이 하나로 뭉쳐져 있었다고 생각해. 우주의 온도와 밀도가 너무 높아서 그랬다는 거지.

그런데 빅뱅 이후 1초가 되기 전에, 네 가지 힘이 서로 갈라졌어. 우리와 우주 전체를 묶고 있는 힘인 **중력**이 가장 먼저 떨어져 나왔지. 이제부터 중력에 대해 알아볼까?

> 공이 떨어지는 이유는 단순해. 중력 때문이지.

> 아야.

중력이 없었다면?

중력은 물체가 서로 끌어당기는 힘, 즉 **인력**이야. 눈에 보이지 않지만, 우리 주변 어디에나 있어. 잘 모르겠다고? 공을 위로 던져 봐! 공이 끝없이 위로 올라가지 않고 아래로 떨어지는 건 중력이 작용하기 때문이야.

모든 물질은 중력을 일으켜. 물질이 많을수록 중력도 세지. 이 말은 행성과 별 같은 **아주 무거운** 물체는 끌어당기는 힘이 강하다는 거야. 지구의 중력은 기체인 대기를 꽉 붙들고 있어. 만약 지구에 중력이 없으면 대기는 휘이이잉 다 사라지고 우리는 숨을 쉴 수 없을 거야.

17세기에 영국 과학자 **아이작 뉴턴**은 머리 위로 떨어지는 사과를 보고서 이 엄청난 힘을 처음으로 깨닫고 이해했어. (그렇게 전해진다는 거지. 오래전 일이니까 이게 진짜인지 가짜인지 누가 알겠어?) 뉴턴은 **중력**이 공간을 가로질러서 작용하고, 물체 사이의 거리가 **멀수록** 약해진다는 것을 알아냈어.

> 사과가 왜 떨어지는지 밝혀내겠어.

중력은 강한 핵력이나 약한 핵력과는 달리 **아주 멀리까지** 영향을 미쳐. 여러 광년 떨어져 있는 엄청나게 많은 별들을 하나로 묶어서 은하를 만들기도 하는걸.

천체는 중력 때문에 더 무거운 다른 천체의 주위를 돌아. 우주 공간에 원형이나 타원형 궤도를 그리면서 말이야. 해왕성은 태양에서 45억 킬로미터(지구보다 30배 더) 떨어져 있지만, 태양의 강한 **중력** 때문에 계속 태양 주위를 돌고 있어.

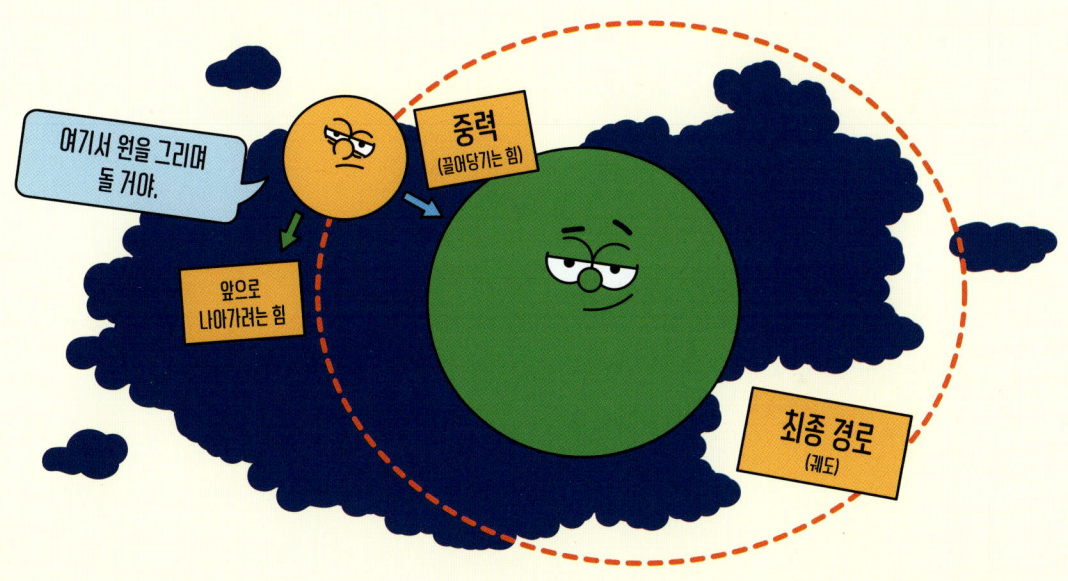

초기 우주에는 중력이 작용하는 행성도 은하도 없었어. 그렇지만 중력은 먼지와 가스를 끌어모아서 우주를 밝히는 **최초의 별**들을 만드는 데 중요한 역할을 했을 거야. 하지만 최초의 별들이 내뿜는 빛은 더 나중에야 볼 수 있었어. 우선 우주는 빛을 가로막는 장애물을 치워야 했거든.

빛은 무엇으로 이루어져 있을까?

빅뱅 때 **광자**라는 아주 **작은** 에너지 다발이 무수히 생겨났어. 광자(빛알)는 빛을 이루고 있는 작은 알갱이야. 빅뱅 이후 약 10초 때부터 수천 년 동안 우주 에너지의 대부분을 차지했어. 이 시기를 **광자 시대**라고 해.

광자는 놀라워. 아무리 정밀한 저울에 올려놓아도 무게를 잴 수 없어. (과학자들은 광자의 질량을 0이라고 해.) 전자와 달리 전하를 지니고 있지 않아. 광자는 공간을 쌩쌩 달리면서 에너지를 전달해. 그리고 아주아주 많아.

광자 시대가 끝나고 기나긴 세월이 흐른 뒤인 2018년에, 미국 과학자들은 우주에 광자가 몇 개나 있는지 조사했어. 한번 짐작해 봐. 아마 근처도 못 갔을걸! 광자의 개수는 무려 4,000,000,000,000,000,000,000,000,000,000,000,000,000,000,000,000,000,000,000,000,000,000,000,000,000,000개래.

광자는 우리가 볼 수 있는 빛(가시광선)을 만들지만, 그게 전부가 아니야. 광자는 눈으로 볼 수 없는 빛들(감마선, 엑스선, 자외선, 적외선, 마이크로파, 전파)도 만들어. 빛은 물결처럼 오르락내리락 출렁이며 앞으로 나아가. 이걸 '빛의 파동'이라고 해. 빛의 파동은 전기장과 자기장으로 이루어져 있어서 '전자기파'라고도 해. 앞을 가로막는 것이 없다면 빛의 속도로 질주하지. 전자기파는 파장(빛이 한 번 출렁거리는 길이)에 따라 여러 종류로 나뉘는데, 그걸 분류해서 띠처럼 늘여 놓은 것을 **전자기파 스펙트럼**이라고 해.

감마선은 파장이 가장 짧고, 에너지가 가장 커. 그다음으로 **엑스선**이 파장이 짧고, 에너지가 커.

자외선은 태양을 포함한 많은 별에서 나와.

가시광선은 눈으로 볼 수 있는 빛이야. 파장에 따라 7가지 빛깔로 나뉘어. 파장도, 에너지도 중간이야.

적외선은 많은 물체에서 나와. 눈에 보이지 않지만 일부 적외선은 열로 느낄 수 있어.

마이크로파와 **전파**는 전자기파 스펙트럼에서 파장이 길고, 에너지가 낮은 쪽에 있어.

뿌연 우주

지금까지 살펴보았듯이, **빅뱅** 이후에 우주에서는 많은 일이 일어나고 있었어.

너도 학교도 가거나 친구들과 뛰놀거나 해야 할 일이 정말 많을 거야. 하지만 광자, 시간, 공간, 입자, 이 모든 것을 다스리는 힘이 눈 깜박할 사이에 만들어지고 있는 아기 우주의 시간표에 비하면 아무것도 아니야. 정말 엄청나게 할 일이 많았지.

그런데 그때 우주에서 실제로 어떤 일이 일어나고 있는지는 볼 수 없었어. 수천 년 동안 그랬어.

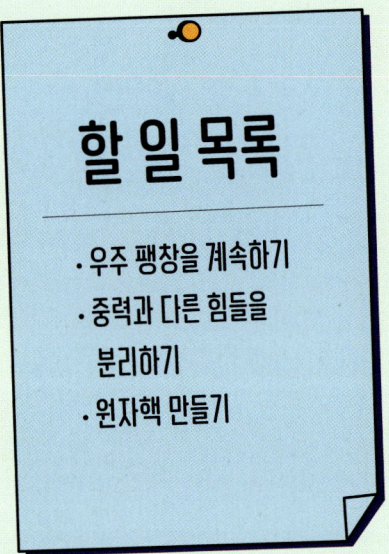

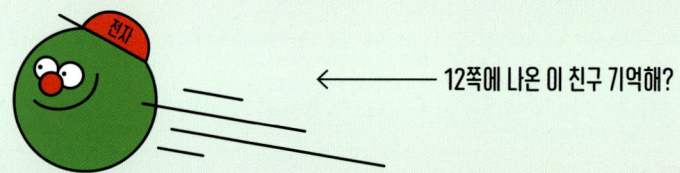
← 12쪽에 나온 이 친구 기억해?

수많은 **자유 전자**가 계속 돌아다니면서 광자의 앞길을 가로막았기 때문이야.

텅 빈 공간이라면 광자는 한 방향으로 흐름을 이루면서 엄청 빠른 **빛의 속도**로 죽 나아갈 거야. 그래야 우리가 뭘 볼 수 있어!

그러나 초기 우주에서 광자는 움직이려 할 때마다 **자유 전자**들에 부딪혀서 제대로 나아갈 수 없었어.

광자는 이 전자, 저 전자에 부딪혀서 계속 방향이 바뀌었지. 이 과정을 **산란**이라고 해. 그래서 광자는 멀리 갈 수 없었고, 우리가 볼 수 있는 빛과 같은 흐름을 이룰 수 없었어.

우주는 안개가 낀 것처럼 앞이 안 보이는 뿌연 상태가 되었지. 물질과 에너지로 이루어진 안개가 낀 거야. 우주는 더욱 식을 때까지 그 상태로 있었어.

드디어 완전한 원자가 되다!

전자가 너무 **에너지가 넘쳐서** 원자핵과 결합해서 원자를 만들 수가 없었다고 한 말 기억해? (좀 가물가물하다면, 17쪽을 다시 봐.)

빅뱅 이후 팽창하는 우주는 377,000년이 흐른 뒤에야 비로소 원자가 만들어질 수 있을 만큼 **식었어.**

수십억 도와 수백만 도를 거쳐서 약 **3,000도** 아래로 떨어졌지. 아직 철과 티타늄 같은 금속을 녹일 만큼 뜨겁긴 했지만, 전자를 비롯한 소립자들이 넘치던 에너지를 잃을 만큼 식었어. 우리가 에너지가 떨어지면 축 처지듯이, 입자들도 느려졌어.

양성자나 헬륨 원자핵이 돌아다니는 전자를 붙잡을 수 있게 되었다는 뜻이야.

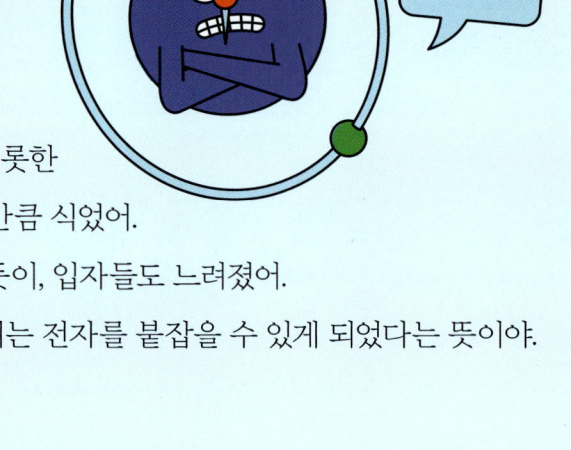

이제 입자들은 결합하여 완전한 원자가 될 수 있었어. 만세!

과학자들은 이를 **재결합**이라고 해. 전에 결합한 적이 없는데 다시 결합한다니 좀 이상하지? 뭐, 중요한 문제는 아니야! 이제 우주는 수소 원자가 약 4분의 3, 헬륨 원자가 약 4분의 1을 차지하고, 리튬 원자가 조금 있는 상태가 되었어.

재결합은 또 한 가지 중요한 결과를 낳았지. 전자는 더 이상 광자를 가로막지 못하게 되었어. 드디어 광자가 우주를 자유롭게 여행할 수 있게 된 거야. 당시 우주는 지금의 약 1,100분의 1 크기였어.

우주는 완전히 달라졌어. 전에는 안개가 자욱했지만, 이제는 훤히 보일 만큼 투명해졌지. 이때 우주를 자유롭게 돌아다닐 수 있게 된 전자기파(빛의 파동)는 137억 년이 지난 지금에도 여전히 볼 수 있어.

비둘기 똥을 치우다 찾은 빅뱅 이론의 증거

잠깐 비둘기 똥 이야기를 해도 될까?
빅뱅 이후 377,000년부터 약 137억 년이 더 흐른 뒤의 이야기야.
정확히 말하면 약 반세기 전인 **1963년**에 벌어진 일이지.

1960년대는 음악, 과학, 우주 탐사가 **활기**를 띤 시대였어.
처음으로 우주비행사들이 로켓으로 추진되는 우주선을 타고 지구 바깥으로 나간 시대였지.
또 많은 과학자들이 우주를 연구하고 있었어.
미국에 살고 있는 **아노 펜지어스**와 **로버트 윌슨**도 그랬어.

펜지어스와 윌슨은 미국에서 **홈델 혼 안테나**라는 거대한 전파 망원경으로 우주를 연구하고 있었어.
그런데 이상하게도 전파 망원경에서 희미하게 윙윙거리는 신호가 계속 들렸어.

그들은 뭔가 이상이 있다고 생각해서, 모든 전선과 장비를 검사했어.
전파 망원경에 앉곤 하던 비둘기들도 다 쫓아냈어.

비둘기가 싼 똥까지 깨끗이 치웠지. (윽!)

그래도 그 신호가 계속 들리는 거야. 게다가 우주의 모든 방향에서 오는 듯했어.

결국 그들은 이 신호를 조사하기로 했어.

조사 결과, 약 137억 년 전 양성자와 전자가 재결합 때 자유로워진 전자기파라는 것이 드러났어! 오랜 시간이 흐르면서 우주가 약 영하 270도까지 식고 팽창함에 따라, 전자기파도 아주아주 길게 **늘어난** 거야. 그것이 지구에서도 관측되는 거지. 이걸 **우주 마이크로파 배경 복사**라고 해.

우주 마이크로파 배경 복사는 **빅뱅** 이론을 뒷받침하는 증거였지. 그래도 여전히 많은 수수께끼가 남아 있었어. 그중 하나는 우주가 **어두운** 거야.

눈에 보이지 않는다고 없는 걸까?

우주 마이크로파 배경 복사를 관측한다는 것은 우주가 처음으로 훤히 보이기 시작한 순간까지 시간을 거슬러 올라간다는 뜻이야.

천문학자들은 우주에서 일어나는 경이로운 광경을 보고 입을 쩍 벌리곤 해. 그런데 '우리 눈에 보이는 모습이 **우주의 전부**일까?' 하고 의문을 품은 천문학자도 있었어.

왜냐하면 모든 물질은 다른 물질에 중력을 가하잖아. 그러니까 우주에 있는 물질의 양을 계산하면, 눈에 보이는 우주의 모습과 들어맞아야 하겠지? 그런데 계산해 보니 물질이 엄청나게 **부족**하다고 나온 거야.

우리가 알아낼 수 있는 일반 물질만으로는 우주의 중력을 다 설명할 수가 없었어. 정말 이상하지?

우리가 볼 수는 없지만, 나머지 중력을 가하는 다른 물질이 있는 것이 분명해. 과학자들은 아주 은밀한 이 물질을 **암흑 물질**이라고 부르기로 했고, 암흑 물질이 우주에 있는 모든 물질의 5분의 4 이상을 차지한다고 생각했지.

암흑 물질은 가시광선도 전파도 엑스선도 내뿜지 않아. 그러나 우리가 직접 볼 수도, 측정할 수도 없다고 해서, 없다는 뜻은 아니야. 암흑 물질이 뭘까? 솔직히 말해서 몰라, 아직은. 암흑 물질이 **마초**나 **윔프**라는 등 많은 이론이 나와 있어. (나도 알아. 과학자들은 알아듣기 어려운 말을 쓸 때가 많지.)

마초는 '무거운 고밀도 헤일로 천체'라는 뜻이야. 은하 가장자리에 중력을 가하는 크고 어두운 천체들이 있을지도 모른다는 거야.

윔프는 '약하게 상호 작용하는 무거운 입자'라는 뜻이야. 우주에 무척이나 작은 입자들이 아주 많이 퍼져 있을 수 있다는 거지. 게다가 윔프는 일반 물질에 아무런 영향도 끼치지 않으면서 그냥 통과할 수 있을지도 몰라.

미리 말해 두는데, 우주는 오랜 세월이 흐른 뒤에 다시 어둠에 잠기게 되지만, 그게 **암흑 물질** 탓은 아니야.

어둠 속에서 일어난 일

빅뱅 이후 바쁘게 일했으니까, 우주도 좀 쉴 필요가 있지 않냐고? 다행히 우주의 역사에 그 대목도 들어 있어. 바로 **우주 암흑 시대**야. 왠지 슈퍼히어로 영화의 배경 같다고? 이때는 빛이 전혀 없던 **아주아주 오랜** 기간을 가리켜. 카메라로 찍을 것도 거의 없던 시대야.

우주 암흑 시대는 여름 방학이 오기 전 아주 길게만 느껴지는 수업 시간보다도 훨씬 길게 이어졌어. 빅뱅 이후 약 377,000년에 시작되어서 **1억 년** 동안 이어졌지.

이 시기에 우주는 말 그대로 푹 쉬었어. 계속 식어 가기만 했지. 약 2,700도에서 영하 213도로. **덜덜덜!**

우주 암흑 시대에 물질은 우주 전체에 꽤 균일하게 퍼져 있었어. 주로 수소나 헬륨 가스뿐이었지만.

개봉 박두

우주 감독 작품

우주 암흑 시대

'우주 역사상 가장 어두운 이야기'

'어떤 별도 없었다. 암흑만 있었다'

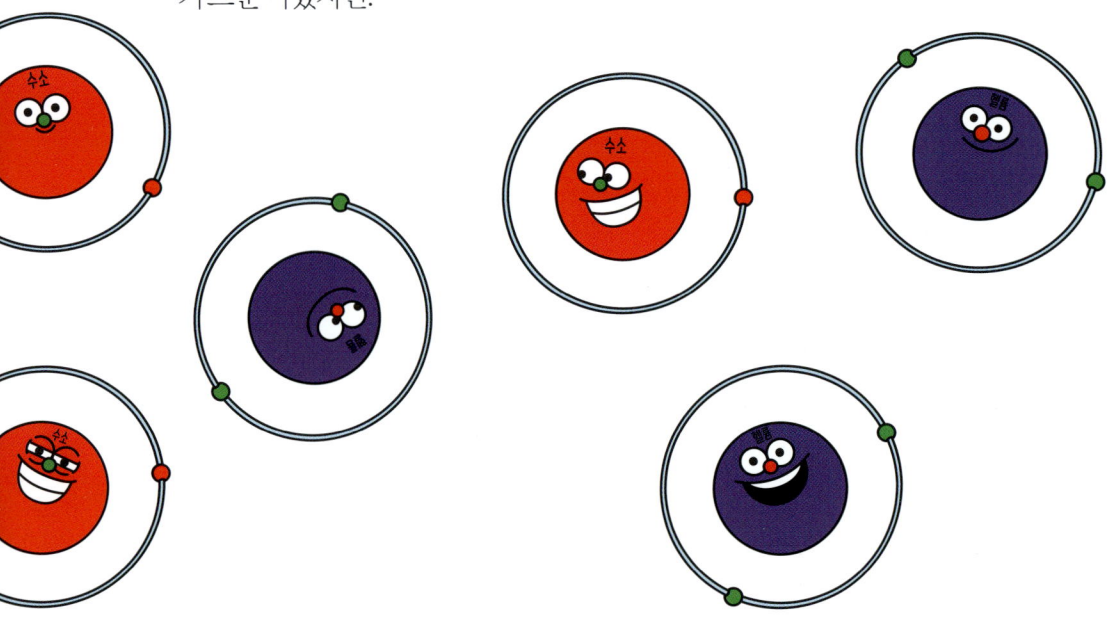

'꽤'라고 한 이유는 암흑 물질이 약간 더 몰려 있는 곳들이 군데군데 있었기 때문이야. 그런 곳들은 우주의 역사에서 중요한 역할을 하게 돼. 과학자들은 빅뱅 이후 약 1억~1억 5000만 년 사이에, 물질이 좀 더 많이 모여 있던 곳들에서 물질들 각자가 가진 중력 때문에 모여들어서, 뭉치고 압축되었다고 생각해.

이렇게 뭉쳐진 중심에 물질이 더 많이 모일수록 **중력**은 점점 커졌고, 이윽고 **뜨거워지기** 시작했어. 물론 이 과정이 하룻밤 사이에 일어난 것은 아니야. 많은 과학자는 10~50만 년은 걸렸을 것이라고 봐. 이런 덩어리는 더욱 많은 물질을 끌어모으면서 빙빙 돌기 시작했어.

별의 후보가 된 거야. 우리는 이걸 **원시별**이라고 불러. 그다음에 어떤 일이 일어났을까?

별이 되어라!

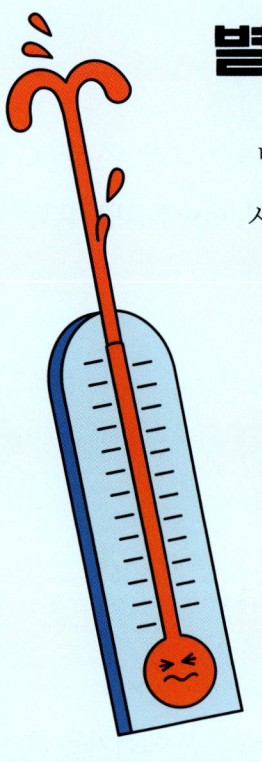

별의 후보들은 **빅뱅** 이후 1~2억 년이 지나자 소망을 이루었어. 원시별의 중심핵(핵)이 **엄청나게 뜨거워지면서** 말이야. 중심핵의 온도가 1천억 도 이상으로 올라갔을 때, 놀라운 일이 벌어졌어.

원시별의 중심핵이 거대한 **원자력 발전소**가 된 거야. 운전 기술자도 없고 건설 허가도 받지 않았는데 말이지.

중심핵에서 수소 원자를 연료로 삼아서 핵융합 반응이 일어나기 시작했어. 수소핵들이 융합해 헬륨핵이 되면서 **엄청난 에너지**를 뿜어낸 거야. 이 반응으로 원시별은 진짜 **별**이 되었어. 무시무시한 에너지를 열과 빛으로 뿜어내면서 밝게 빛나는 거대한 가스 덩어리가 된 거야.

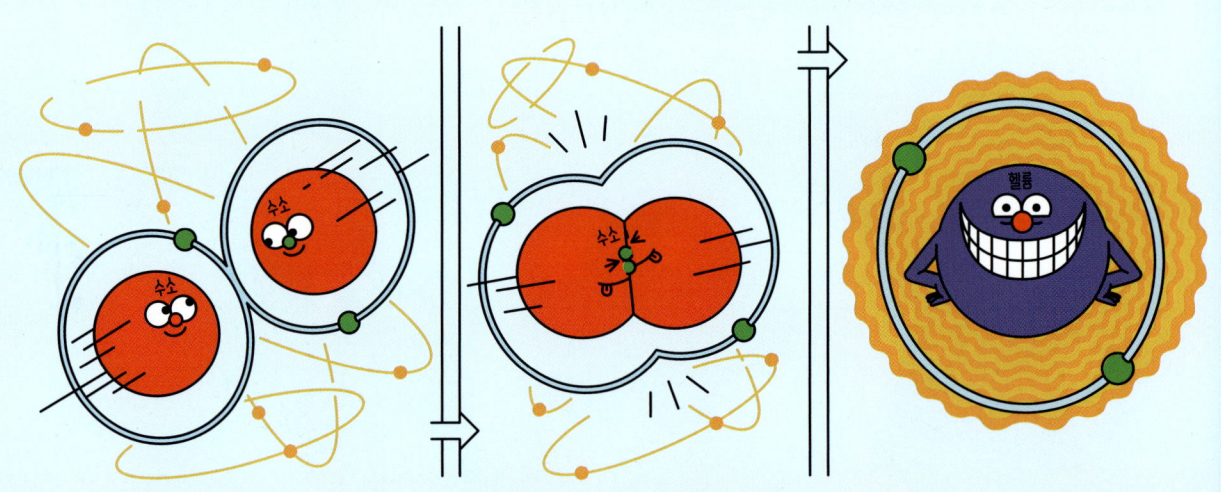

수소 원자 2개가 융합하면 헬륨 원자 1개가 돼.

얼마나 많은 에너지를 뿜어냈을까? 최초의 별들이 에너지를 얼마나 뿜어냈는지는 알 수 없지만, 과학자들은 태양이 내뿜는 에너지는 측정했지. 이만큼 내뿜는다고 추정해.

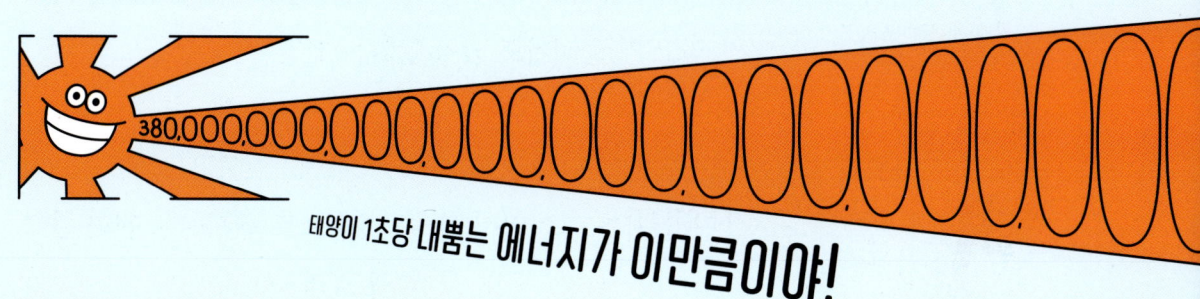

태양이 1초당 내뿜는 에너지가 이만큼이야!

태양이 **1초**에 내뿜는 에너지는 인류가 지구에 처음 나타난 이래로 쓴 에너지를 다 더한 것보다 많아. **와우!**

최초의 별들은 태양보다 훨씬 더 **에너지가 넘쳤어.** 그리고 처음으로 우주를 비췄지.

빛을 뿜으러 왔지롱!

우주를 밝혀라

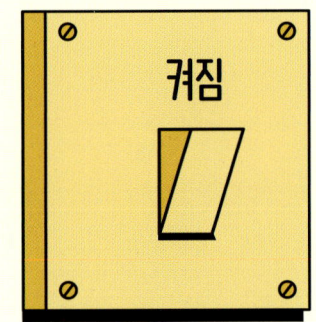

최초의 별들은 깜깜한 우주에 빛을 밝혔어. **거대한** 가스 덩어리가 내뿜는 에너지는 엄청났지.

초기 별들은 정말로 **거대했어.** 과학자들은 가장 작은 것도 태양보다 10배, 가장 큰 것은 1천 배 더 컸을 거라고 추측해.

그런데 최초의 별들은 오랫동안 빛나지 못했어. 아주 밝게 **타오르다가** 겨우 수백만 년 뒤에 수소 연료를 다 쓰고 죽었지. 안타까운 일이었지만, 그 뒤로 더욱 많은 별이 생겨났어.

최초의 별들은 죽기 전에 우주에 또 다른 도움을 줬어. 엄청난 양의 자외선을 뿜어낸 거야. 이 자외선은 우주 공간에 퍼져 있던 수소 원자들과 충돌했지.

자외선에 부딪힌 원자는 다시 전자와 양성자로 나뉘었어. **빅뱅** 직후 때와 비슷한 상황이 벌어졌지. 이런 현상을 **이온화**라고 해.

우주가 10억 번째 생일을 맞이할 때 (초가 몇 개 필요할지 상상해 봐.) 우주 공간은 대부분 이온화한 상태였어. 게다가 새로운 **화학 원소**들이 많이 생일 파티에 참석했어. 산소, 철, 규소 같은 원소들이야. 모두 최초의 별이 만들었다가 죽으면서 우주로 흩뿌려진 거야.

탄소의 등장!

수소는 우주의 **첫 번째** 화학 원소였어. 최초의 별들이 태어나서 죽기 전까지, 친구라고는 거의 헬륨밖에 없었지. 최초의 별은 가지고 있던 수소를 다 써 버리자, 묘책을 생각해 냈어. (물론 진짜로 생각했다는 말은 아니야. 비유지.) 바로 헬륨을 연료로 쓰는 거였지. 그 결과 **탄소**처럼 **더욱 무거운** 화학 원소가 생겨났어.

우리는 탄소에게 정말 고마워해야 해. 탄소가 없었다면, 우리는 태어나지 못했을 거야. 탄소는 다른 많은 원소와 결합해 단백질, 지방, 탄수화물 등 생명에 꼭 필요한 성분들을 만들어. 사람을 포함해서 모든 생명체의 몸을 구성하는 바탕이 되지.

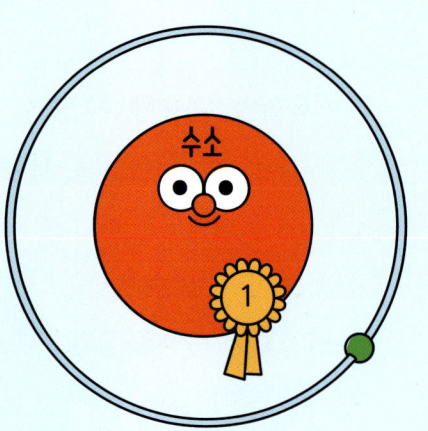

핵융합 반응이 계속되면서
탄소와 헬륨 원자가 결합해
산소 원자를 만들었어.
산소는 대단히 중요한 원소야.
우리가 숨을 쉴 때 꼭 필요해.
음식물을 에너지로 바꾸는 데도
쓰이고, 물질이 빛과 열을 내며 타는
현상인 **연소**가 일어나는 데에도 필요해.

핵융합 반응이 계속 이어지면서 점점 더 많은 원소가
만들어졌어. 별의 중심핵이 철로 채워질 때까지 말이야.
철은 고집이 세서 융합 파티에 끼기를 거부했어. 투덜이였지!

더 이상 핵융합이 일어나지 못하자,
별은 죽어 가기 시작했어. 많은 별들이
대폭발을 일으키면서 엄청난 빛을
내뿜고는 장엄하게 죽음을
맞이했어. 이런 별을 초신성이라고 해.

별이 폭발하면서
탄소, 질소, 산소 등과 같은
원소들과 별의 잔해들이
우주로 흩어졌어.
그리고 새로운
모험을 시작했지.

이 파티는 재미없어.
너희들과 결합하지 않을 거야.

철은 다른 원소들과 잘 결합하지 않아.

우주의 거대한 구름

초기 별이 죽으면서 흩뿌린 원소들은 우주 공간에서 먼지와 가스로 이루어진 거대한 구름을 이루었어. (마치 구름처럼 보이지만 진짜 구름은 아니야.) 과학자들은 이 구름을 **성운**이라고 해. 성운은 게으름뱅이처럼 거의 아무것도 안 하면서 마냥 그대로 있을 때가 많아. 그러다가 지나가는 천체나 폭발하는 별 같은 것에 뒤흔들리곤 하지.

성운은 누군가가 흔들어 깨우기 전까지 아무 일도 안 해.

그러면 구름 중 일부가 몰리면서 덩어리를 이루고, 중력이 커지게 돼. 중력이 커지면 덩어리는 더 많은 물질을 끌어당기지. 덩어리의 중심은 점점 더 뜨거워지면서 밀도도 높아져. 그러다가 어떻게 될까?

원시별이 돼. 그리고 별이 되지. **꽝!** 이제 다시 핵융합이 시작된 거야!

하지만 이때의 **별**은 초기 별과 달랐어. 훨씬 더 **작고** 더 오래 사는 별이 많았어. 수십억 년을 살기도 했지. 이때의 별은 오래 살기 위해 **힘의 균형**을 잘 잡았어.

핵융합이 일어나면 **온도가 높아지고** 에너지가 엄청나게 커져. 커진 에너지는 밖으로 밀려 나가. 한편으로는 모든 것을 중심핵 쪽으로 끌어당기지. 거대한 별은 중력이 세거든.

핵융합을 하면서 이렇게 밀고 당기는 힘의 균형을 잘 잡는 안정적인 상태(시기)를 **주계열**이라고 해. 태양은 주계열의 약 절반을 지나왔어. 주계열은 약 100억 년 동안 이어져. 태양보다 **더 작은** 별은 주계열이 더 길 수 있어. 이렇게 별들이 균형을 잡으면서 계속 **타오르고** 있을 때, 최초의 은하들은 서로 합쳐지고 있었어.

점점 가까워지는 은하들

과학자들은 빅뱅 이후 10억 년쯤에 최초의 **은하**가 나타났다고 생각했지만, 천문학자들이 더 오래된 은하들을 찾아내면서 은하가 나타난 시기는 점점 앞당겨지고 있어. 2016년에는 **허블 우주 망원경**을 통해 가장 오래된 은하 GN-z11을 발견했지. 무려 134억 년이나 된, 정말로 오래된 은하였어.

앗! 미안, 내가 좀 앞서 나갔지.
은하는 별, 행성, 가스 구름, 먼지 같은 것들이 **중력**으로 묶여 있는 집단이야. 지금도 우주에 있어. 천문학자들은 최초의 은하가 별이 없는 상태에서 **암흑 물질**이 모여서 이루어지기 시작했다고 봐. 알아, 정말 이상하지?

최초의 은하는 이윽고 별을 얻었지만, 오늘날의 **거대한** 은하에 비하면 아주 **작았어**. 그래도 별을 수천 개쯤 지니고 있었어.

최초의 은하들 중 일부는 서로 충돌하고 합쳐지면서 더 큰 은하를 만들었어. 지금도 은하들은 계속 충돌하고 합쳐져. 우리가 살고 있는 **우리은하**도 앞으로 수십억 년 뒤에 안드로메다은하(더 자세히 알고 싶으면 52쪽을 봐.)와 점점 가까워지다가 합쳐져서 **초거대 은하**가 될 수도 있어.

몇몇 은하에서는 여전히 새로운 별들이 생겨나기도 해. 우리가 잘 눈치챌 수 없지만 수십억 년에 걸쳐서 보면, 별의 수가 정말로 늘었어.

별은 얼마나 있을까?

은하가 만들어지고 그곳에서 새로운 별들이 탄생하면서, 별의 수는 **계속** 늘어났어. 맑은 밤하늘을 올려다보면 수천 개의 별을 볼 수 있어. (그리고 비행기도 몇 대 볼 수 있지.) 하지만 그 정도는 거대한 빙산의 끄트머리를 살짝 본 거나 마찬가지야.

우리 눈에 보이는 별은 대부분 **우리은하**에서도 지구 가까이에 있는 것들이야. 천문학자들은 성능 좋은 망원경으로 훨씬 더 먼 우주를 내다보면서, **수십 광년** 떨어진 **은하**에 있는 별도 발견해.

밤하늘에서 바늘구멍처럼 작게 빛나는 하나의 별은 알고 보면 두세 개, 또는 더 여러 개의 별들이 **무리**를 이룬 것일 수 있어.

← 멀리서 보면 별 무리가 하나의 별처럼 보여.

어? 저기 좀 수상쩍은 별이 있어!

우리은하에 있는 별은 1천억 개가 넘어. **4천억** 개에 달한다고 말하는 천문학자도 있어. 4천억 개의 별을 지금 지구에 사는 모든 사람에게 나누어 준다면 각각 50개 넘게 줄 수 있을 거야. 그리고 만약 1천억 개의 별을 1초에 하나씩 센다면 **3,170년 11.7개월**이 걸릴 거야. 째깍째깍!

우리은하는 우주에 있는 수많은 은하 중 하나일 뿐이야. 놀라운 사실을 하나 더 알려 줄까? 우리가 우주에서 관찰할 수 있는 별만 해도 지구의 모래알보다 **10배**는 더 많을 거야.

감을 잡기 어려울 만큼 **큰 수**지. 도대체 천문학자들은 이렇게 많은 별들을 어떻게 파악하는 거지?

비슷한 별들끼리 모아 볼까?

천문학자는 우주에 있는 모든 **별**에 관심을 갖지 않아. 아주 오래된 별들을 관측하고 연구하는데, 그래도 그 개수가 10억 개가 넘어. 대단하지? 이렇게 많은 **별**을 이해하기 위해서, 천문학자는 관측한 별을 다양한 방식으로 분류해. 지구에서 떨어진 거리나 위치 또는 크기나 질량에 따라 나누기도 해. 목동자리에서 가장 밝은 별인 아르크투루스는 태양보다 지름이 25배 **크고**, 지금까지 관찰한 별 중 가장 큰 별인 큰개자리 VY는 태양보다 **지름**이 무려 1,400배나 커.

또 별은 온도와 색깔에 따라 묶을 수도 있어. 이를 별의 스펙트럼형이라고 해.

은하에는 별이 되지 못한 후보 별들도 많아. 중심핵에서 핵융합이 시작될 만큼 질량이나 온도가 **충분하지 못해서** 별이 되지 못한 거지. 이런 천체를 **갈색왜성**이라고 해. 갈색왜성은 진홍색과 갈색 사이의 빛을 흐릿하게 내면서 우주 곳곳에 숨어 있어. 주방 오븐보다 온도가 더 낮은 것도 있지.

갈색왜성은 크기가 작아서 별이 되지 못해.

우리은하에도 갈색왜성이 가득해. 약 1천억 개는 돼. 좋게 보자면, 마지막에 웃는 것은 갈색왜성이야. 별은 결국엔 다 **타서** 죽지만, 갈색왜성은 **결코 죽지 않을 테니까.** (별의 비극적인 죽음은 58~59쪽에서 이야기할 거야.) 갈색왜성은 삶이 좀 지루하고 화려하지는 않지만, 적어도 죽지는 않는다는 거지.

O형
푹 쉬기를

다양한 은하들

별의 수가 늘어날 때, 은하의 수도 **늘어났어.** 현재 우리가 관찰할 수 있는 우주에는 **2천억** 개에서 **2조** 개의 은하가 있어. 하지만 1920년대 초만 해도 사람들은 은하가 **우리은하** 딱 하나밖에 없다고 생각했어.

우주가 은하로 가득하다는 사실을 증명한 사람은 **에드윈 허블**이라는 전설적인 천문학자야. 그전까지는 밤하늘에 점점이 있는 흐릿한 얼룩 같은 것들을 모두 성운이라고 생각했어. 1924년 허블은 **안드로메다**에 있는 별까지의 거리를 측정했어. 그런데 우리은하에 있는 별로 보기에는 거리가 너무 먼 거야. 허블은 안드로메다가 성운이 아니라 별개의 은하가 틀림없다고 결론지었지.

1936년 허블은 은하를 모양에 따라 **나선 은하**, **타원 은하**, **불규칙 은하**로 분류하는 방법을 소개했어. 사람들은 이런 허블의 업적을 기려서, 거대한 우주 망원경에 그의 이름을 붙였어! 허블 우주 망원경은 1990년 우주 왕복선 디스커버리호에 실려 우주로 보내졌고 지금까지도 운영되고 있어.

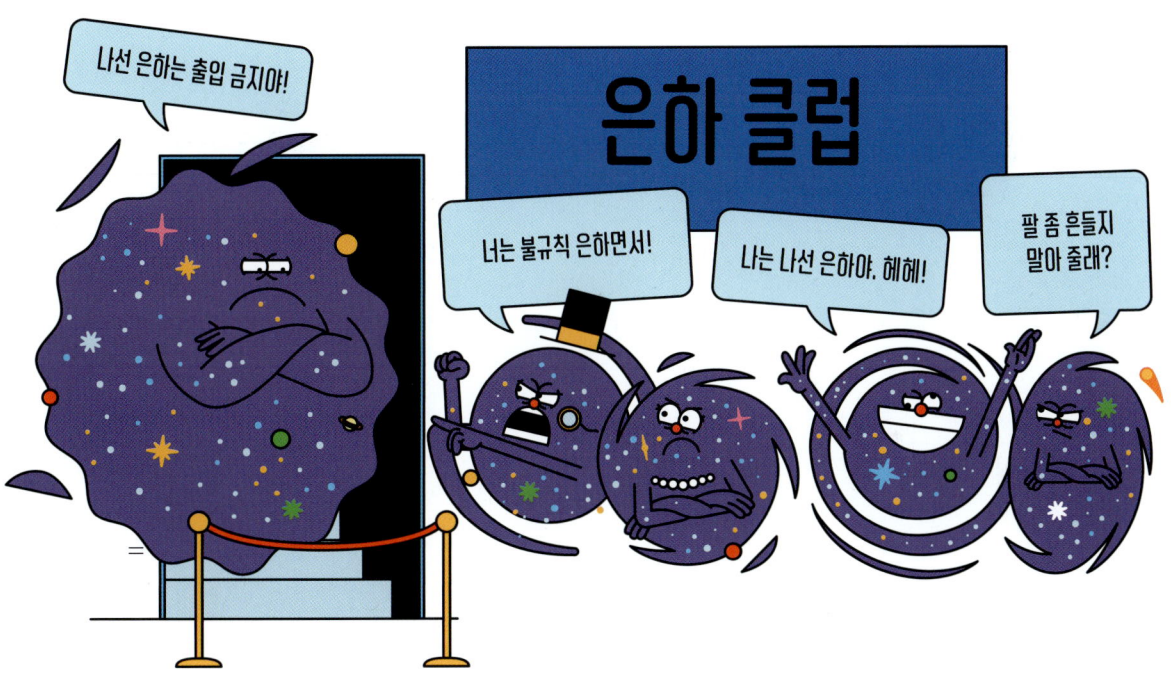

은하는 다양한 크기로 진화했어. 우리은하는 지름이 10만 광년인데, 은하 중에서 중간 크기야. 크기가 **작은** 은하도 있어. 세그 2는 지름이 221광년밖에 안 돼. 물론 **훨씬 더 큰** 은하도 있어. 세그 2를 가로세로가 500m인 농장이라고 치면, 가장 큰 은하 중에는 프랑스만 한 것도 있지.

은하들이 모이면?

은하가 발달하면서 중력의 영향으로 은하들끼리 서로 끌어당기기 시작했어. 은하들은 크거나 작은 집단으로 묶였어. 작은 것은 **은하군**, 더 큰 것은 **은하단**이라고 해. 은하들은 하나로 묶여도 서로에게 별로 피해를 주지 않을 때가 많아. 하지만 때로는 중력 때문에 그 사이의 가스와 먼지가 오락가락하면서 가열되기도 해.

우리은하는 가까이 있는(가까이 있다고 하지만, 실제로는 2백만 광년 이상 떨어져 있는 것도 많아.) 약 50개의 은하들과 함께 **국부 은하군**에 속해 있어. 국부 은하군은 **처녀자리 은하단**에 속해 있지.

초은하단은 아주 **거대해.** 드넓은 우주 공간에 느슨하게 흩어져 있는 은하단들이 모인 집단이야. **라니아케아 초은하단**은 크기가 5억 2천만 광년이고, 약 10만 개의 은하가 모여 있어. 지구는 라니아케아 초은하단에 속해. 따라서 우주에서 지구 주소는 이렇게 쓸 수 있어.

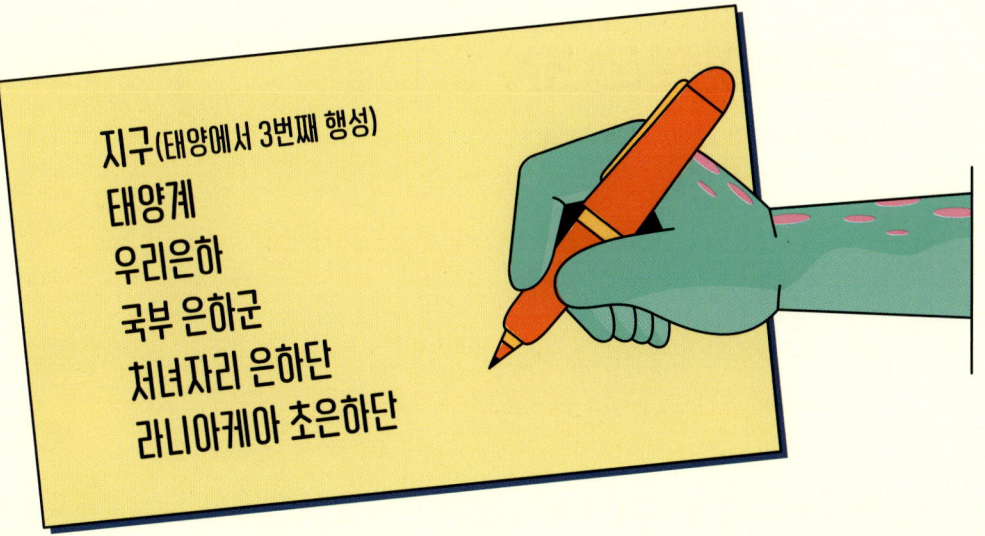

지구(태양에서 3번째 행성)
태양계
우리은하
국부 은하군
처녀자리 은하단
라니아케아 초은하단

엘 고르도 은하단은 아주 **거대해.** 스페인어로 '뚱보'라는 뜻이지. 무려 3천조 개의 별이 들어 있어! 최근에 천문학자들은 가장 오래된 히페리온 초은하단을 발견했어. 110억 년 전에 생긴 거야.

초은하단은 110억 년 뒤인 지금도 생겨나고 있어. 우주의 재미있는 점은 우주 역사의 서로 다른 시기를 이렇게 한꺼번에 볼 수 있다는 거야.

난 뚱뚱하지 않아. 그냥 별이 많을 뿐이야!

엘 고르도 은하단

우주의 과거만 볼 수 있다고?

멀리 있는 **별**이나 **은하**를 망원경으로 보면,
사실은 시간 여행을 하는 것과 같아.
멀리 있는 천체에서 오는 빛은 아주 오랜 세월을
여행한 끝에 지구에 닿기 때문에,
지금 우리가 보는 우주의 모습은 먼 과거의 모습인 거지.

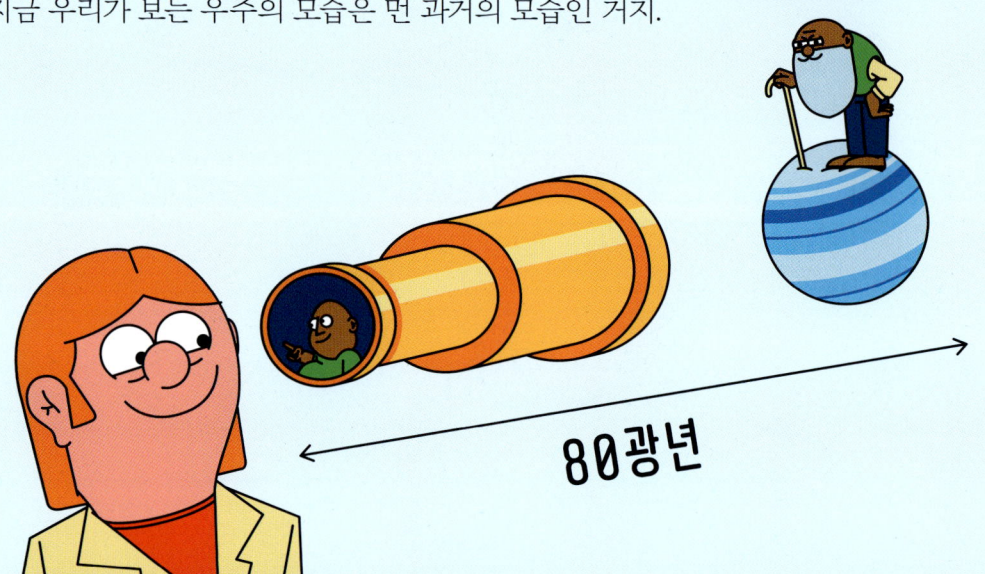

80광년

지구에서 **거대한** 망원경으로 5억 광년 떨어진 은하의 사진을 찍는다면, 우리는 **5억 년 전**의 은하를 보고 있는 거야.

놀랍게도 빛은 천체가 어떻게 움직이고 있는지도 알려 줘. 은하나 별이 지구 쪽으로 오고 있다면, 그 천체에서 오는 빛은 **압축돼**. 그래서 과학자가 관측 기기로 분석하면 약간 더 파란색을 띠는데, 이를 **청색 편이**라고 해.

천체가 멀어져 갈 때면, 그 천체에서 나오는 빛은 **죽 늘어나면서** 붉은색을 띠어. 이를 **적색 편이**라고 해. 경찰차, 구급차, 소방차의 사이렌 소리에서도 비슷한 일이 일어나. 차가 다가올 때면 소리가 커졌다가, 지나쳐서 멀어질 때면 점점 작아지지.

지구에서 멀어지는 천체는 붉게 보여.

지구로 다가오는 천체는 파랗게 보여.

대부분의 천체는 적색 편이를 보여. 우주가 모든 방향으로 **팽창**하며 우리에게서 멀어져 가기 때문이야. 그중에는 죽음을 맞이하고 있는 별도 있어.

연료를 다 쓴 별은 어떻게 될까?

지금도 죽어 가는 별이 많아. 별은 **질량**, 즉 들어 있는 물질의 양에 따라서 죽는 방식이 달라. 하지만 죽는 이유는 모두 같아. 태울 연료가 다 떨어져서야.

질량이 태양의 절반도 안 되는 차갑고 작은 별인 **적색 왜성**이 가장 편안한 죽음을 맞이해. 적색 왜성은 연료를 아껴 쓰면서 **아주아주 오래** 살아. 수천억 년을 살다가 마침내 에너지를 잃고 차가운 **흑색 왜성**이 돼.

태양 같은 중간 크기의 별은 수십억 년을 살아. 적색 왜성보다는 수명이 짧아. 중간 크기의 별은 수소를 다 쓰면, 부풀어서 **적색 거성**이 되었다가 이윽고 헬륨을 연료로 쓰지. 비상용 연료인 헬륨까지 다 쓰면 바깥층이 부풀어서 터져 날아가고 **백색 왜성**이라는 작고 밝은 별이 돼.

적색 거성에서 떨어져 나간 바깥층은 때로 행성상성운이라는 가스와 먼지로 된 아름다운 고리(껍질)를 이루기도 해. 말의 머리처럼 생긴 **말머리성운**, 개미처럼 생긴 **개미 성운**, **고양이 눈 성운**처럼 멋진 별명이 붙은 것들도 있어.

우리가 살고 있는 지구는 어떠냐고? 태양이 죽을까 봐 겁이 난다고? 걱정 마. 가까운 미래에는 일어나지 않을 테니까. 천문학자들은 태양의 수명이 적어도 50억 년은 남았고, 죽음도 수백만 년에 걸쳐 서서히 일어날 것이라고 해.
　크기가 **가장 큰** 별들은 훨씬 더 빨리 더 극적으로 죽음을 맞이해.

짧고 굵게 사는 별

거대한 별들은 밝게 빛날지 모르지만, 오래 살지는 못해. 수명이 수백만 년에 불과해. 사람이랑은 무척 다르지만, 별의 기준으로 볼 때는 짧은 거야. 태양보다 8~40배 **무거운** 별은 무시무시할 만큼 격렬하게 **폭발**하면서 죽음에 이르기도 해. 이렇게 삶을 마감하는 별을 **'초신성'**이라고 해. 과학자들이 찾아낸 가장 오래된 초신성의 이름은 DES16C2nm이야. 이름이 좀 어렵지? 약 105억 년 전에 폭발한 거대한 별이야. 그보다 더 오래된 초신성도 있을 거야. 아직 과학자들이 찾아내지 못했을 뿐이지!

초신성은 **밤하늘**에서 밝게 빛나. 역사에 기록된 별 중 가장 밝은 별이었던 초신성 SN 1006은 태양계에서 가장 밝은 금성보다 3년 동안 더 밝게 빛났었어. 아주 밝아서 낮에도 보일 정도였지.

별의 죽음이 가까워진 걸 알려 주는 세 가지 특징이 있어.

1. 거대한 별은 중심핵의 수소 연료를 다 쓰면, 점점 더 무거운 원소를 연료로 써. 그러면서 **엄청난** 크기로 부풀어.

2. 별의 **엄청난** 몸집을 지탱할 연료가 부족해지면, 갑자기 별 자체가 가진 **중력**의 영향으로 붕괴하면서 중심핵 쪽으로 당겨져.

3. 그러다 다시 와락 **부풀면서** 상상도 할 수 없을 만큼 격렬하게 바깥층을 뿜어내. 이 초신성은 수십억 개의 **별**을 지닌 **은하**만큼 많은 에너지를 뿜어내지. 잔해 중에는 시속 3,000만 킬로미터가 넘는 **속도**로 날아가는 것도 있어.

만약 파괴된 **별**이 충분히 **크면**, 그 별의 중심핵은 무시무시한 **블랙홀**이 될 수도 있어!

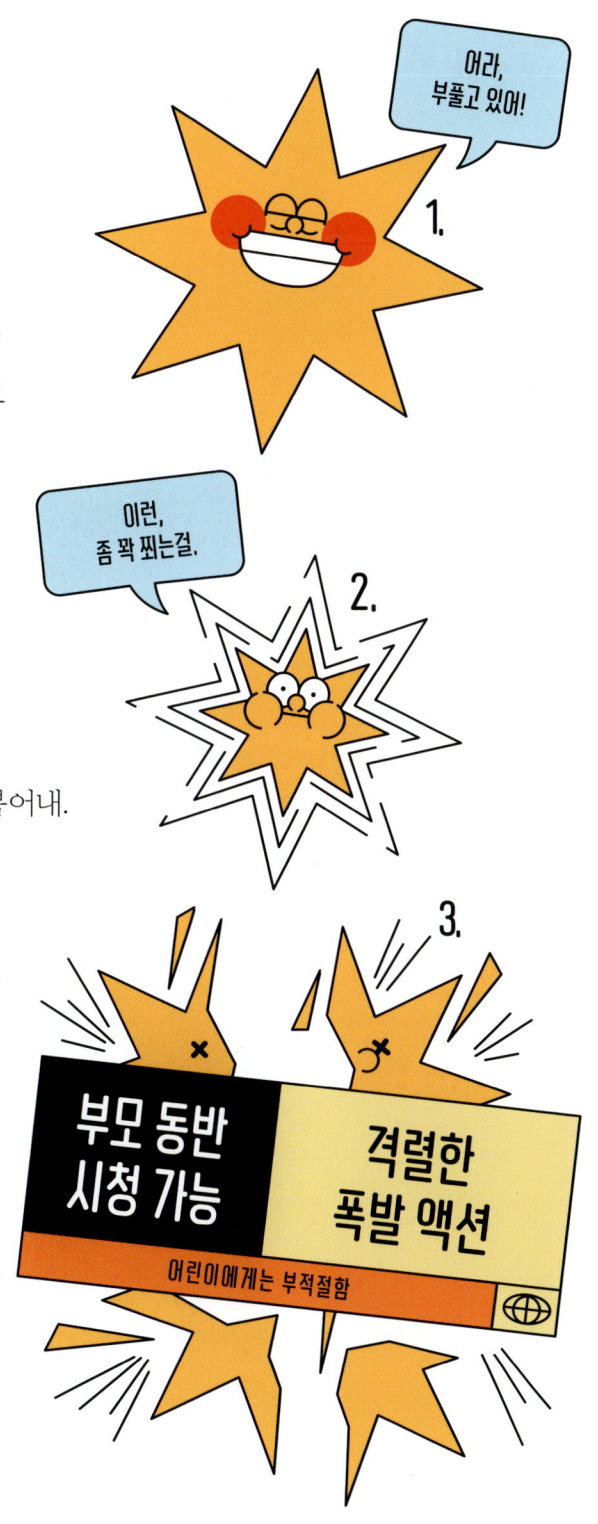

검은색보다 더 검은 것은?

그 무엇도 **블랙홀**보다 더 **검을** 수 없어. 왜냐고? 블랙홀은 어떤 빛도 내뿜지 않거든. 희끄무레한 빛도 없어. 게다가 어떤 빛이든 블랙홀에 끌려 들어가면 결코 나오지 못해.

즉, 이 기이하면서 **엄청나게 큰** 천체는 눈에 보이지 않는다는 뜻이야. 우리가 블랙홀에 관해 아는 지식은 그 주위에 있는 빛과 천체들의 움직임을 관측해서 얻은 거야.

흠, 양말이 사라지는 건 블랙홀 때문이었군.

블랙홀은 **초신성**의 폭발로 생길 수 있어. 폭발한 별의 중심핵이 밀도가 굉장히 높은 아주아주 작은 점이 되면서 모든 것을 빨아들이는 거지. 이 점을 **특이점**이라고 해. 블랙홀 중에서 **거대 블랙홀**이라고 불리는 게 있어. 우리은하를 비롯하여 커다란 은하들의 중심에는 대부분 거대 블랙홀이 있어. 거대 블랙홀은 다른 별들을 집어삼킬 수 있어.

블랙홀이 조금 무섭게 느껴질 수도 있지만 너무 걱정하지 마. 블랙홀은 우주를 돌아다니면서 별과 행성을 사냥하지 않아. 별처럼 자신의 궤도에만 머물러 있을 뿐이야.

블랙홀은 주변에 엄청난 중력을 가해. 빛과 작은 원자, 거대한 별에 이르기까지, 특정 거리까지 가까이 다가가면 블랙홀에서 벗어날 수 없게 돼. 그렇게 블랙홀에서 빠져나오지 못하게 되는 경계면을 **사건의 지평선**이라고 해.

블랙홀은 중력이 아주 세다고 했지? 그래서 블랙홀에 빨려 들어가는 천체는 스파게티 면처럼 가늘고 길게 늘어나게 돼. 이 현상을 가리키는 전문 용어도 있어. **스파게티화**라는 거야. 정말 그런 말을 쓰냐고? 진짜지 그럼! 천문학자라면 당연히 유머 감각이 있어야 하지 않겠어?

작지만 무거운 별

모든 초신성이 블랙홀이 되는 건 아니야. 어떤 초신성은 **중성자별**이 돼. 여행 가방에 많은 옷을 꽉꽉 넣으려고 애써 봤니? 아마 중성자별에 존경심이 들 거야.

중성자별은 지름이 10~30킬로미터 정도의 작은 천체인데도, 태양만 한 물질을 다 욱여넣고 있거든. (서울의 북쪽과 남쪽 끝의 거리가 약 30킬로미터 정도야. 중성자별이 얼마나 작은지 알겠니?)

그래서 중성자별은 아주 **무거워**. 중성자별을 **찻숟가락**으로 한 숟가락 뜨면, 지구에서는 10억 톤이 될 거야. 지구에 사는 사람들 전체의 몸무게를 더한 것보다 무겁지. 네가 만약에 **중성자별**에 착륙한다면, 강력한 중력에 짓눌려서 마른 오징어처럼 될 거야.

몇몇 중성자별은 회전하면서 전파를 뿜어내. 등대의 불빛과 꽤 비슷하지. 이런 종류의 중성자별을 **펄서**라고 해. 1967년에 처음 발견했을 때에는 작은 녹색 인간이라는 이름이었어. 영국 천문학자 조슬린 벨과 앤터니 휴이시가 붙인 이름이야.

1974년 휴이시는 펄서를 발견한 업적으로 노벨상을 받았지만, 벨은 아무것도 못 받았어. 많은 사람들이 부당하다고 비판했지.

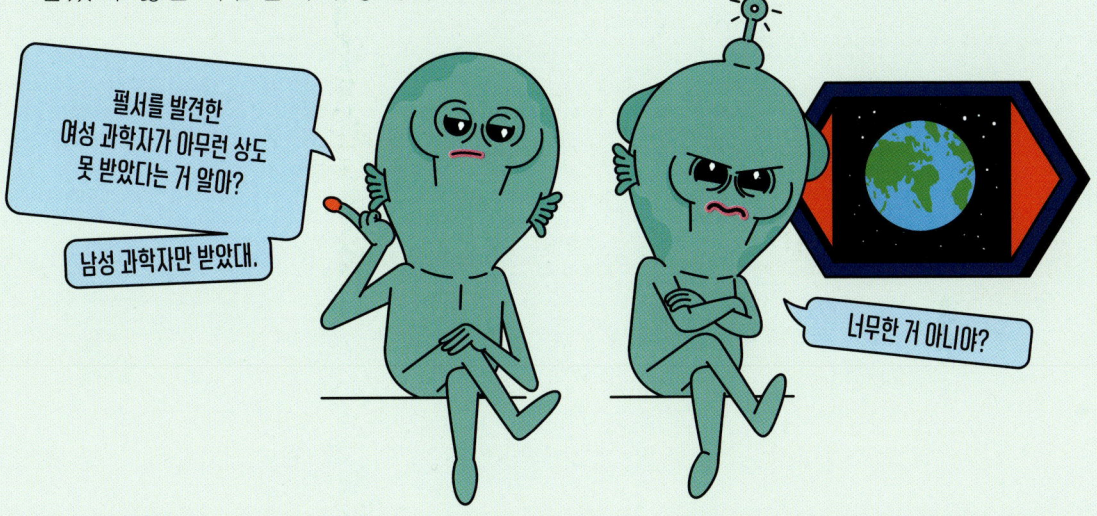

우주에는 회전하는 것이 아주 많아. 펄서도 그래. 펄서는 회전의 대가야. 보통 한 바퀴 도는 데 1초도 안 걸려. 이렇게 아찔한 속도로 돌면 다른 별들은 다 찢겨져 버리겠지만, 펄서는 아주 센 중력이 꽉 붙들고 있어서 흩어지지 않아.

회전 속도를 비교해 볼까?

- 지구는 24시간마다 1번 돈다.
- 헬리콥터의 날개는 1초에 약 7번 돈다.
- 가장 빠른 펄서는 1초에 716번 돈다.

엄청 빠르지! 그런데 우주에는 아주 빠른 것이 또 있어.

여전히 우주는 크고 있어

은하가 발달하는 동안, 우주는 모든 방향으로 계속 **팽창했어.** 그런데 우주가 **커질 수록** 팽창하는 속도가 느려졌어. 과학자들은 은하들의 중력이 자동차의 브레이크처럼 우주가 팽창하는 속도를 좀 늦추는 게 아닐까 생각해.

하지만 완전히 멈추게 하지는 못했지.
우주는 여전히 **팽창**하고 있으니까.

그러다가 약 50~60억 년 전에,
놀라운 일이 일어났어. 자동차의 액셀을
밟은 것처럼 우주가 팽창하는 속도가 빨라졌어. **우아!**
이유가 무엇이었을까? 음… 그냥 솔직히 말할게. 몰라. 미안.

과학자들은 팽창하는 우주에 관한 수수께끼 중 많은 것을 '**암흑 에너지**' 탓으로 돌려. 문제는 암흑 에너지가 무엇인지 확실히 아는 사람이 아무도 없다는 거야!

걱정할 필요는 없어. 발견과 이론은 늘 이렇게 시작되곤 하니까. 과학자들은 아직 모르는 것의 정체를 파악하려고 애쓸 때, 주변에 미치는 영향을 관찰함으로써 정체를 알아낼 수 있어. 블랙홀이 주위의 별과 가스 등을 끌어당기는 것을 관측해서 블랙홀을 연구하는 것과 비슷해.

우리는 **암흑 에너지**가 뭔지 정확히는 모르지만, 암흑 에너지가 우주의 68퍼센트를 차지하고 있다는 것은 알아. 과학자들은 우주가 얼마나 빨리 **팽창**하는지를 관측해서 이 비율을 알아냈어.

우리에게서 3,500만 광년 떨어진 은하는 1초에 약 752킬로미터씩 멀어지고 있어. 런던에서 뉴욕까지 7초 만에 날아가는 것과 비슷해. 빠르지?

안녕, 태양계!

46억 년 전, 우주가 다시 빠르게 팽창을 시작하고 조금 후에 별로 눈에 띄지 않는 구석에서 회전하던 가스 구름이 스스로 뭉쳐서 **원시별**이 되었어. 이 원시별 주위를 가스와 구름이 납작한 원반처럼 드넓게 둘러싸고 있었지. 우주 피자와 좀 비슷했어.

이 **원시별**은 우리에게 대단히 중요해. 주위의 물질을 점점 더 많이 끌어당기면서 뜨거워지다가, 이윽고 약 45억 6천만 년 전에 불타오르면서 태양이 되었으니까. 원반처럼 둘러싸고 있던 물질은 대부분 태양이 집어삼켰지만, 다른 천체들이 만들어질 만큼 충분히 남아 있었어.

새로운 별인 태양 주위를 돌던 먼지들은 서로 뭉치기 시작했어. 점점 커지던 덩어리들은 서로 부딪히면서 더욱 커지다가 **미행성**이 되었어. 미행성은 작은 행성이란 뜻이야.

　미행성은 지름이 1킬로미터쯤으로 **커지자** 중력도 커져서 작은 덩어리들을 끌어당겼어. 그러면서 계속 커져 갔지.

　미행성들은 지루한 수학 수업을 두 번 들을 때보다 훨씬 더 오랜 시간, 즉 수백만 년에 걸쳐서 서로 뭉치고 또 뭉쳤어.

뜨겁게 불타는 어린 태양과 가까운 쪽에는 암석의 주성분인 규소, 철 같은 금속처럼 끓는점이 높은 무거운 물질만 남았어.

　태양과 멀어질수록 온도는 더 낮아졌고, 수소와 메탄 같은 **기체**와 **얼음** 등 **가벼운** 물질들이 주로 있었지.

행성 건설 계획

초기 태양계가 어떤 모습이었을지는 잘 몰라! 행성과학자들은 태양계가 어떻게 만들어졌는지를 놓고 열띤 논쟁을 벌여. 또 천왕성에 충돌해서 천왕성을 기울어지게 만든 천체가 얼마나 컸는지 등 수수께끼가 많아. 거대한 목성형 행성들의 중력에 당겨지다가 태양계 바깥으로 내동댕이쳐진 행성도 있지 않았을까?

우리가 아는 것은 초기 태양계가 천체들이 마구 충돌하는 매우 험한 곳이었다는 거야. 태양계는 곧 안쪽의 **뜨거운** 구역과 바깥쪽의 **차가운** 구역으로 나뉘었어.

일어날 수가 없어!

뭔가에 부딪히는 바람에 천왕성은 옆으로 누운 채로 돌아.

태양계가 형성될 때 천체들은 서로 끊임없이 충돌했어.

각 구역의 **미행성**들이 서로 합쳐져 점점 더 큰 천체가 되면서, 두 종류의 행성들이 만들어졌어. 더 뜨거운 구역에 있는 **지구형 행성**(수성, 금성, 지구, 화성)은 작고, 암석으로 이루어져 있고, 중심에 무거운 금속이 들어 있어.

목성형 행성(목성, 토성, 천왕성, 해왕성)은 주변에서 엄청난 양의 가스를 끌어당겨서 훨씬 더 커졌어. 단단한 표면이 전혀 없이 가스와 얼음으로 이루어진 거대한 행성이 되었지. 암석으로 이루어진 지구형 행성과 가스로 이루어진 목성형 행성 모두 행성 시험에 합격해야 했어.

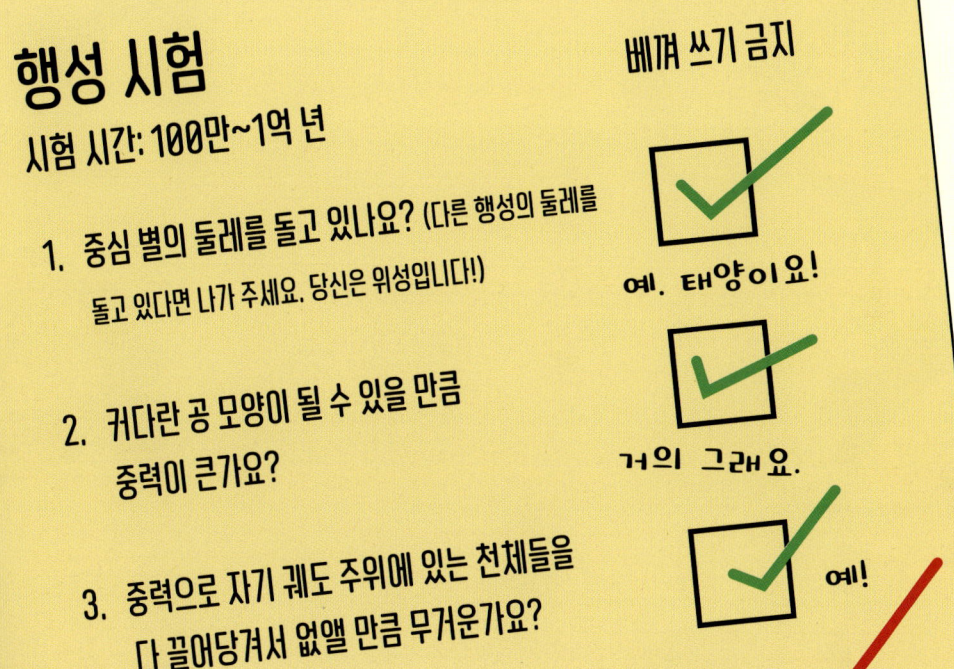

태양계 행성을 소개할게

우리가 **행성**에 관해 알고 있는 모든 것은 태양계를 이루는 8개의 행성을 연구해서 알아낸 거야. (예전에는 명왕성도 태양계 행성으로 불렸는데, 2006년에 천문학자들이 명왕성을 왜소행성으로 분류했어.)

수성은 뜨거워. 태양에 제일 가까이 있는 가장 작은 행성이야.

금성은 아주 짙은 대기 때문에 표면이 가장 뜨거운 행성이야. 약 464도로. 납도 녹아내리는 온도야.

생명체가 살기 좋은 **지구**는 표면의 70퍼센트가 바다로 덮여 있는 진정한 물의 행성이야.

화성은 붉은색이고 죽어 있어…. 우리가 아는 한 그래. 예전에는 물이 흘렀을 거야.

목성은 아주 커. 다른 행성들을 합한 것보다 2배는 무거워.

토성은 목성 다음으로 크고, 가스로 이루어진 행성이야. 정교한 고리를 두르고 있어.

↑ **천왕성**은 차갑고 얼어붙어 있어. 옆으로 누운 채로 태양 주위를 돌아.

↑ **해왕성**은 천왕성과 크기가 비슷하고, 태양에서 가장 멀리 있어.

'행성(planet)'의 영어 단어는 '방랑자'라는 뜻의 그리스어에서 왔어. 행성이 **밤하늘**에서 방랑하는 것처럼 보였거든. 행성은 저마다 궤도가 달라. 태양 주위를 한 번 도는 데 수성은 88일, 해왕성은 165년이 걸려.

처음 행성이 생겼을 때와 달리 몇몇 행성은 궤도가 크게 바뀌었어. 해왕성과 천왕성은 태양에서 더 멀어졌어. 목성은 태양과 가까워졌다가 다시 멀어졌지. 목성이 태양과 가장 가까웠을 때에는 태양과 지구 사이의 거리보다 1.5배 떨어져 있었고, 지금은 태양과 지구 사이의 거리보다 5배 이상 떨어져 있어.

멀리 떠날래!

행성의 장신구

위성은 행성(그리고 몇몇 소행성)이 꼭 갖춰야 할 장신구 같아. 위성은 주로 암석으로 되어 있고, 행성이 태양 주위를 도는 것처럼, 행성의 **중력**에 영향을 받아 행성 주위를 돌아.

약 400년 전 이탈리아 과학자 **갈릴레오 갈릴레이**가 직접 만든 망원경으로 목성을 관찰해서 위성 4개를 찾아내기 전까지, 우리가 아는 위성은 달밖에 없었어. 그 뒤로 위성들이 새로 발견되고 있고, 지금까지 발견된 위성은 200개가 넘어. 2019년에도 토성에서 새 위성을 발견했어.

금성은 위성이 없고, 지구의 위성은 1개야. 위성이 아주 많은 행성도 있어. 우리가 아는 한 해왕성은 14개, 천왕성은 27개, 토성은 82개, 목성은 79개야. 태양계에서 가장 큰 위성인 **가니메데**와 **타이탄**은 행성인 수성보다 커.

위성은 여러 방식으로 생겨나. 행성과 거의 같은 시기에 생겨났다가 행성 궤도로 끌려온 것도 많아. 커다란 천체가 행성에 충돌한 뒤에 생긴 잔해가 모여서 생겨난 것도 있어. 약 45억 년 전, 갓 생겨난 지구에 화성만 한 천체가 충돌했어. 그 충돌로 지구의 잔해가 우주 공간으로 퍼졌다가, 곧 뭉쳐서 달이 되었어.

달은 움푹 파인 큰 구덩이 모양의 지형인 **크레이터**로 뒤덮여 있고, 생명체가 살지 않아. 아폴로 달 착륙선을 타고 총 6번에 걸쳐 미국 우주 비행사 12명이 달에 발을 디뎠을 때만 빼고 말이야.

멋진 위성들

위성인 달은 지구 **중력**에 붙들려 있어. 그래서 지구 주위를 계속 돌지. 어떤 위성은 슬금슬금 행성에서 멀어지기도 해. 달도 1년에 4센티미터씩 지구에서 멀어지고 있어.

달을 비롯해서 대부분의 위성은 **동주기 자전**을 해. 동주기 자전은 위성과 행성 사이의 중력 때문에 위성의 자전 속도와 공전 속도가 같아지는 걸 말해. 그러면 어떤 일이 벌어질까? 행성에서는 늘 위성의 같은 면만 보이지.

행성에서는 늘 위성의 같은 면만 보여. 그러니 뒷면에서 어떤 일이 일어나는지 누가 알겠어?

태양계에는 정말로 멋진 위성들이 많아.

엔켈라두스 → 토성의 위성 중 하나야. 새하얗게 빛나고, 위성 표면의 얼음층을 뚫고 얼음, 물, 먼지가 뿜어지곤 해.

미란다 → 천왕성의 위성 중 하나야. 표면에 협곡이 많아. 지구의 그랜드캐니언보다 12배 깊은 곳도 있어.

이오 → 목성의 위성 중 하나이고 태양계의 위성 중에서 화산 활동이 가장 활발하게 일어나. 그래서 이오의 표면에는 용암이 흐른 자국이 늘 새로 생기곤 해.

타이탄 → 토성의 위성 중 가장 커. 지구보다 대기가 더 두꺼워. 표면에 액체 메탄이 채워진 호수와 바다가 있고, 오렌지색 구름으로 덮여 있어.

유로파 → 목성의 위성 중 하나이고 얼음으로 덮혀 있어. 얼음 아래에 바다가 있을지도 몰라. 우주과학자들은 정말로 물이 있는지 알아내고 싶어 해.

데이모스와 포보스 → 화성의 주위를 도는 두 개의 작은 위성이야. 감자 모양의 이 위성들은 원래 우주를 떠돌던 소행성이었는데 화성의 중력에 붙들린 것 같아.

공룡의 멸종 이유?

건설 현장에 가면 쓰고 남은 자재들이 널려 있지? **소행성**은 46억 년 전에 태양계가 만들어지고 남은 부스러기들이야. 대부분은 **암석**이지만, **금속**이 섞여 있거나, 철과 니켈로만 이루어진 것도 있어.

모든 소행성은 태양 주위를 돌아. 지름이 1미터인 커다란 바위 정도 크기의 소행성부터 지름이 952킬로미터인, 최초로 발견된 소행성 **케레스**까지 크기가 다양해. 대부분의 소행성은 화성과 목성 사이에 있는데, 이 지역을 소행성대라고 해.

소행성대는 허리띠가 아님!

소행성대에는 지름이 1킬로미터가 넘는 소행성이 110만 개 넘게 있어. 이 소행성들은 먼 옛날에 행성이 될 뻔하다가 목성의 엄청난 중력 때문에 결국 뭉치는 데 실패했을 거라 추측해. 소행성이 100만 개가 넘는다니까 엄청나게 많은 것처럼 들리겠지만, 천문학자들이 계산해 보니까 다 합한다고 해도 달 질량의 10분의 1밖에 안 될 거라고 해.

소행성은 때때로 서로 **부딪히기도** 하고,
지구 같은 다른 천체들에 충돌하곤 해.
먼 옛날에는 자주 그랬지.
지금은 소행성의 충돌이 아주 드물어.
다행이야. 커다란 소행성이 충돌하면
큰 변화가 갑자기 일어날 수 있거든.
약 6,550만 년 전에 커다란 소행성이
지구에 충돌했을 때 그랬어.
지금의 멕시코 남부에 충돌했는데,
자욱이 솟아오른 먼지가 대기를 뒤덮어서 엄청난 기후 변화를 일으켰어.
동물의 75퍼센트가 죽었어. 거대한 **공룡**도 그때 다 사라졌지.
　그에 비하면 **유성**은 훨씬 덜 무서워.

내 이름을 맞혀 봐

유성이 유성이 아닐 때는 언제일까? 유성체이거나 운석일 때? 그래, 맞아! 셋 다 같은 우주 암석이나 금속 덩어리야. 어디에 있느냐에 따라서 다르게 불릴 뿐이지.

우주를 떠돌 때는 **유성체**라고 해. 유성체는 태양계가 생길 때 남겨진 아주 작은 것들이야. 소행성이 충돌할 때 떨어져 나가서 생긴 것도 있지.

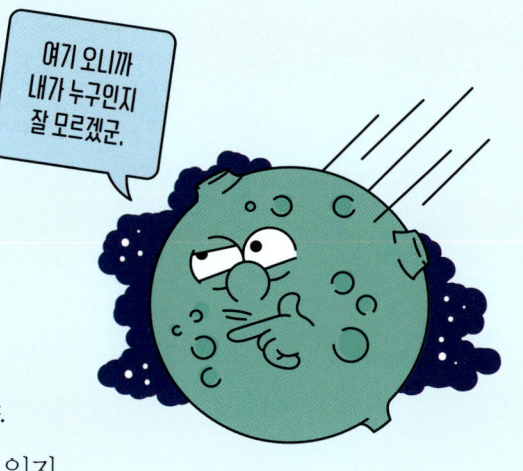

유성체와 모래알보다 작은 크기의 미소 유성체는 대개 다른 천체에 아무런 피해를 끼치지 않으면서 우주를 떠돌아. 그러다가 지구 대기로 들어오면 불타기 시작해. 그러면 이름이 바뀌어. **유성** 또는 별똥별이라고 불려.

아주 많은 유성이 동시에 지구로 들어오면 **유성우**라고 해. 밤하늘에 장관을 이루기도 하지. 페르세우스 유성우와 사자자리 유성우처럼 해마다 규칙적으로 나타나는 것도 있어. 유성 중에는 완전히 다 타 버리지 않는 것도 있어. 그런 것들은 지구 대기를 끝까지 뚫고 내려와서 지표면에 충돌해. 그러면 새로운 이름으로 불리게 되지. 바로 **운석**이야.

주의 : 유성우는 이런 것이 <u>아님</u>.

음, 뭐 그래도 화면은 나오겠네.

해마다 지표면에 약 500개의 운석이 떨어진다고 추정돼. 대부분은 바다에 빠지거나 사람들이 살지 않는 외딴곳에 떨어지니까 걱정하지 않아도 돼. 지금까지 운석에 부딪혀서 다친 사람은 **앤 엘리자베스 호지스** 한 명뿐이야. 1954년, 미국에 살던 호지스가 집에서 바쁘게 일하고 있는데 4킬로그램짜리 운석이 지붕을 뚫고 들어왔어. 다행히 그녀는 몇 군데 멍만 들었대!

과학자들은 운석을 찾아서 연구해. 1920년에 발견된 **호바 운석**은 지금까지 찾아낸 운석 중에서 가장 커. 8만 년 전에 아프리카 나미비아에 떨어졌는데, 지금도 떨어진 자리에 그대로 있어. 관광객들이 볼 수 있게 잘 보존되어 있지.

털북숭이 별

혜성이라는 천체도 있어. 고대 그리스인들은 **'털북숭이 별'**이라고 불렀어. 요즘은 우주 눈덩이나 지저분한 눈덩이라고 별명을 붙여 부르기도 해.

태양계가 만들어질 때, 태양에서 가장 먼 끝자락은 얼어붙을 듯이 **차가웠어.** 그곳의 먼지 알갱이는 얼어붙은 가스와 얼음으로 덮였지. 먼지 알갱이들은 시간이 흐르면서 서로 뭉쳐졌고 수백만 개의 혜성 핵이 되었어. 혜성 핵은 지름이 몇 킬로미터쯤 돼.

혜성(comet)의 영어 단어는 '털북숭이 별'이라는 뜻의 그리스어 코메테스(kometes)에서 유래됐어.

혜성은 대부분 태양과 멀리 떨어져서 태양 주위를 돌아. 어떤 혜성은 지구와 태양에 훨씬 가깝게 다가오기도 하는데, 그럴 때 놀라운 일이 생겨. 혜성에 꼬리가 만들어지거든. 혜성이 목성을 지나 태양 가까이 오면 태양열 때문에 녹기 시작해. 그러면서 혜성 핵 중 일부가 가스로 변해. 이 가스는 혜성 핵 주위로 **코마**라는 빛나는 구름을 만들어. 태양에 더 가까워지면 가스와 먼지가 더 생기면서 혜성 뒤쪽으로 길게 **꼬리**를 이루며 뻗어 나가. 꼬리는 수백만 킬로미터까지 이어져.

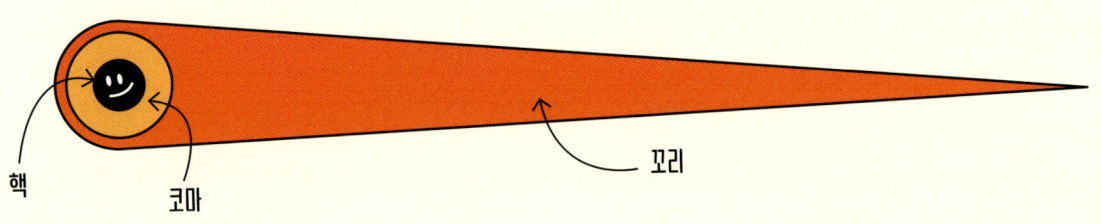

핵 코마 꼬리

혜성들은 궤도가 **아주** 다양해. 어떤 혜성은 태양 주위를 한 바퀴 도는 데 수년 또는 수십 년이 걸릴 정도로 짧고(혜성 기준으로는 말이야.), 어떤 혜성은 수만 년이 걸리기도 해. 그래서 우리가 살면서 한 번 볼까 말까 하는 혜성도 있어. 1996년, **하쿠다케 혜성**은 밤하늘에 장엄한 자취를 남기면서 날아갔어. 다시 볼 수 있을까? 아니! 하쿠다케 혜성은 궤도가 아주 커서, 7만 년 뒤에나 다시 찾아올 거야.

오늘날 혜성은 비교적 드물게 나타나서 멋진 모습을 보여 주곤 하지만, 지구가 처음 생겼을 때에는 지표면에 비처럼 쏟아졌을 거야. 혜성은 초기 지구를 마구 때린 수많은 천체 중 하나였어.

누구도 살 수 없던 지구

지구가 생겨나고 약 38억 년 전까지, 지구에는 수많은 **소행성**과 **혜성**이 충돌했어. 하지만 지구를 현재 우리가 살고 있는 환경과 전혀 다른 모습으로 만든 것은 혜성 폭풍우만이 아니었어. 수억 년 동안 지구는 지독히도 험한 곳이었지.

그 당시 지구는 견딜 수 없이 **뜨거웠어**. 시뻘겋게 달아올라서 녹은 암석과 땅의 갈라진 틈새로 스며 나오는 용암으로 뒤덮여 있었지. 엄청나게 많은 **화산**이 폭발하면서 용암과 메탄, 이산화 탄소, 암모니아 같은 메스껍고 유독한 기체를 뿜어냈어.

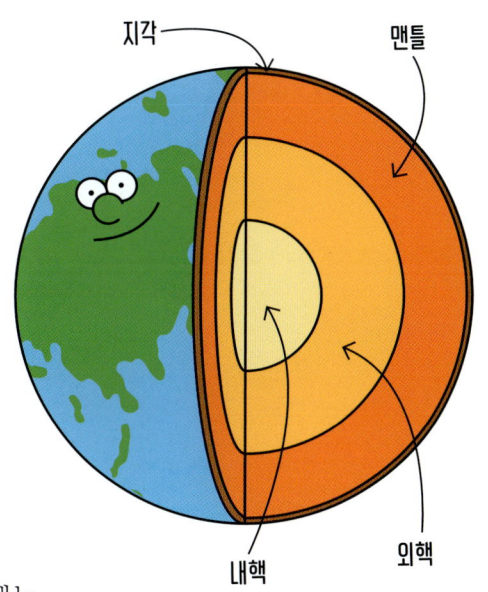

초기 지구는 **극도로 뜨거워서** 금속, 특히 철과 니켈이 암석에서 녹아 나왔어. 녹아 나온 금속은 주위의 암석보다 더 **밀도가 높고 무거워서** 지구 한가운데로 가라앉았어. 그곳에서 두 부분으로 된 뜨거운 중심핵을 이루었지. 고체인 **내핵**과 액체인 **외핵**이야. 그 주위를 **맨틀**이라는 두꺼운 암석층이 뒤덮었어. 현재 맨틀의 두께는 약 2,900킬로미터야. 핵에서 나오는 **열기** 때문에 맨틀은 좀 물렁거리고 부드러워.

지구의 바깥층은 식어서 암석으로 된 얇은 **지각**이 되었어. 결국 지구는 **적도**를 통과하는 지름이 약 12,756킬로미터인 행성이 되었지. 적도는 지구의 중심을 감고 있는 가상의 선이야. 지각이 암석으로 되었다고 하니까 딱딱하게 고정된 것처럼 들리지만, 부드러운 맨틀 위에 떠 있는 형태라서 때때로 움직이곤 해.

땅이 쪼개진다고?

상상하기 어렵겠지만, 지각은 과거에 적어도 세 번 크게 쪼개졌어. **땅덩어리**들이 통째로 움직이거나 **쪼개져서** 떨어져 나가는 일은 지구 역사에서 흔히 일어났어.

지각이 어떻게 여러 개의 거대한 **판**을 이루게 되었는지를 알려면, 20~30억 년 전으로 거슬러 올라가야 해. 판(과학자가 쓰는 전문 용어로 말하면 **지각판**)은 맨틀 위에 얹혀 있어. 축구공의 가죽 조각들과 비슷하게 서로 꽉 들어맞아 있지만, 해마다 몇 센티미터씩 이동할 수 있어. 몇 센티미터라니 별것 아닌 양 들리겠지만, 오랜 시간에 걸쳐서 일어난다고 생각해 봐.

마지막으로 지구의 땅덩어리가 크게 쪼개지는 현상은 약 2억 년 전에 시작됐어. 당시 지구의 모든 땅덩어리는 한 덩어리로 **판게아**라는 초대륙을 이루고 있었어. 그런데 지각판이 움직이면서 판게아가 쪼개졌지. 먼저 **곤드와나**와 **로라시아**라는 커다란 대륙들이 생겼어. 이 두 땅덩어리는 더 작은 조각으로 쪼개져서 오늘날 우리가 아는 대륙의 모습이 되었어.

지각판 사이의 경계에서는 지각 활동이 활발하게 일어나곤 해. 지각판들이 서로 맞댄 채 움직이면 **지진**이나 **화산 폭발**이 일어나기도 하고, 정면으로 충돌하면 산맥이 만들어지기도 해. 인도는 원래 섬이었지만, 4~5천만 년 전에 북쪽으로 밀려가서 유라시아판에 충돌했어. **우지직!** 두 땅덩어리가 충돌하면서, 히말라야산맥이 솟아올랐지. 히말라야산맥은 세계에서 가장 높은 산맥이야.

생명의 기체!

음악도 간식도 재미있는 손님도 없는 끔찍한 파티처럼, 초기 지구에는 괜찮은 **대기**가 없었어. 약간의 **수소**와 **헬륨**이 지구를 둘러싸고 있었지만, 이 가벼운 **기체**들은 오래 머물지 못하고 우주로 멀리 사라졌어.

그런데 지각판의 이동과 충돌에 따른 **화산 활동**으로 지구 내부에서 많은 기체가 뿜어졌어. 이를 **탈기**라고 해. 이때 이산화 탄소, 암모니아, 수증기도 뿜어졌지.

무거운 기체들은 중력에 붙들려서 지표면 주위에 머물렀어. 수증기는 식어서 물방울로 변한 뒤 비가 되어 내렸고 바다를 이루었어. 이제야 비로소 흥미로운 일이 벌어지기 시작했어.

약 40억 년 전, 정확히 어떻게 출현했는지 아무도 모르지만 지구에 생명체가 출현했어. **짠잔!**

어떤 과학자들은 알맞은 화학 물질들이 들어 있는 **'원시 수프'**가 만들어지고, 거기에서 어떤 분자가 스스로를 복제하기 시작했다고 봐. **단세포 생물**과 **세균**은 지구 최초의 생물에 속했어. 이런 초기 생물들은 다양한 화학 반응을 통해 에너지를 얻었어. 그러다가 약 25억 년 전 몇몇 세균과 조류가 **광합성** 능력을 터득했어.

광합성은 식물과 조류가 이산화 탄소, 물, 햇빛 에너지를 써서 스스로 영양소를 만드는 과정이야.

이 새로운 능력은 엄청난 거였어. 왜냐고? 광합성은 **산소**를 만들기 때문이야. 우리 (그리고 다른 생명체들)가 호흡할 때 산소를 들이마신다는 건 알고 있겠지? 광합성은 더 많은 생물이 **진화**할 수 있는 무대를 마련했어.

생명체가 살기에 딱 좋은 지구

시간이 흐르면서 **광합성**을 통해 오늘날처럼 **산소**가 풍부한 대기가 만들어졌어. 호흡하기에 아주 좋을 뿐 아니라, 태양에서 오는 해로운 빛이 지표면에 닿지 못하게 막고, 지구를 따뜻하게 하고, 바람과 날씨의 변화를 일으켰어.

너무 뜨겁지도 너무 차갑지도 않은 태양과의 적당한 거리, 엄청난 양의 **물**…. 지구는 생명체가 살기에 딱 맞는 조건을 지니고 있어.

최고의 입지 조건
온화한 기후가 조성되기에 딱 맞는 태양과의 거리
흐르는 물
아주 많음
단열이 잘 되나?
네, 대기가 있음. 완벽한 집.

약 5억 6천만 년 전, 더 **복잡한 생명체**들이 나타났어. 오늘날 우리가 보는 동물들과 전혀 다른, 주로 단순한 관이나 고사리 같은 모양의 생물들이었지만 말이야. 생물은 오랫동안 바다에만 머물러 있었어. 그러다가 약 5억 년 전, 기어 다니는 작은 동물들이 바다를 떠나 땅으로 올라오기 시작했어.

처음으로 용감하게 마른 땅으로 나온 동물 중에는 **곤충**과 **게, 거미**의 조상이 있었어. 지느러미가 짧은 다리처럼 변한 별난 **물고기**가 그 뒤를 따랐지.

얼마 지나지 않아서 **식물**이 육지에 널리 퍼졌어. 최초의 나무와 숲은 약 3억 8천만 년 전에 나타났어.

포유동물과 **공룡**은 2억 2천만~2억 4천만 년 전에 출현했지. 몇몇 공룡은 나중에 조류로 진화했어. 공룡은 1억 6천만 년 동안 지구를 지배했어. 공룡들이 살던 시기에 꽃도 처음 나타났어.

그런데 약 6,500만 년 전, 거대한 소행성이 출돌하면서 공룡과 모든 종의 약 4분의 3이 사라졌어. 그러나 그 이후 생물들은 계속 진화했고, 포유동물과 곤충이 지구를 지배하게 되었어. 시간이 흐르며 생물들은 더 새롭고 다양한 종으로 진화했지.

인간이 꼴찌라고?

이윽고 약 30~20만 년 전에 포유동물 중 일부는 인간, 즉 **'호모 사피엔스'**로 진화했어. 우주 역사 전체로 보면, 인간이 살아온 기간은 눈 깜박할 시간에 불과해.

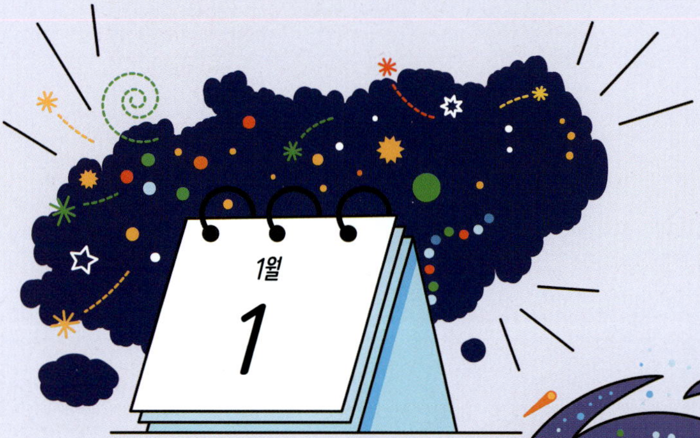
1월
1

빅뱅을 **1월 1일**로 잡고서, 137억 년이라는 우주 역사 전체를 1년으로 **압축**하면 어떻게 될까?

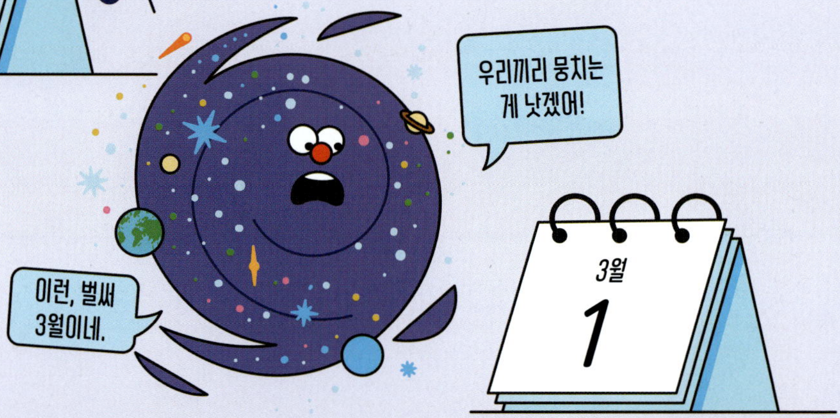
우리끼리 뭉치는 게 낫겠어!
이런, 벌써 3월이네.
3월
1

우리은하는 **3월**에 생기기 시작했어.

12월
17

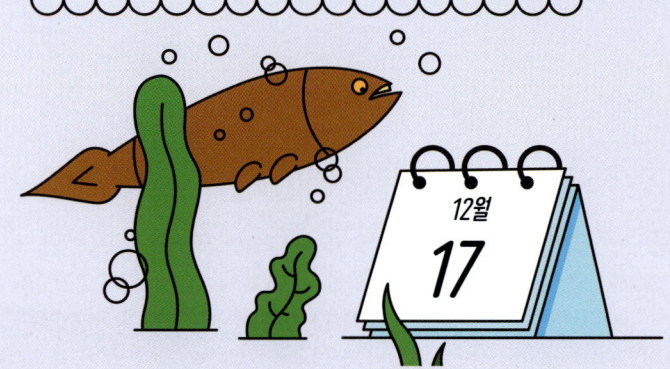

태양계와 지구는 9월 초에 생겼고, 최초의 어류는 약 **12월 17일**에 출현했어.

공룡은 12월 2일, **크리스마스**가 되어서야 나타났지.

인간(호모사피엔스)은 **새해 전날 밤 11시**가 넘어서야 등장했어.

인류의 모든 역사 기록은 고작 한 해의 **마지막 날 마지막 몇 분**에 일어났어. 고대 로마는 자정이 되기 5초 전에야 등장했지.

이렇게 우주의 역사 137억 년을 1년으로 환산해서 만든 달력을 **우주 달력**이라고 해. 전설적인 천문학자 **칼 세이건**이 만들었어. 우리 인류가 살아온 기간이 얼마나 짧은지를 잘 보여 줘. 우리의 작고 오래된 행성인 지구는 최근에 꽤 바빴지. 태양계 행성 말고, 우주에 있는 다른 행성은 어떨까?

행성은 어디에나 있어

　1992년, 천문학자들은 태양계 바깥에 행성이 존재한다는 확실한 증거를 처음으로 발견했어. 그 뒤로 태양이 아닌 다른 별(항성)의 둘레를 도는 **외계 행성**이 4,057개 넘게 발견됐어. 앞으로 수천 개가 더 발견될 가능성이 높아.

　천문학자들은 외계 행성을 찾기 위해서 아주 작은 단서라도 놓치지 않아. 밤하늘에서 멀리 있는 행성은 밝은 별보다 훨씬 찾기가 어렵거든. 외계 행성이 별(항성) 앞으로 **지나가면** 별빛이 약간 약해지는데, 그걸 관측하는 거야.

　목성보다 크면서 강철 같은 금속을 녹일 만큼 **시뻘겋게 달아오른** 외계 행성도 있어. 케플러-70b의 표면은 태양 표면보다 뜨거운 7,000도야. 지구처럼 365.25일이 아니라, 몇 시간 만에 별(항성) 주위를 쌩 하고 한 바퀴 도는 **초고속** 외계 행성도 있어. 55 캔크리 e는 아주 단단해. 다이아몬드로 이루어졌을 가능성이 높아.

별 둘레를 몇 시간 만에 공전하는 아주 빠른 외계 행성도 있어.

HD 189733b는 지구처럼 푸른빛을 띠는데, 녹은 유리 조각이 비처럼 내려. 화가자리 베타 b는 독성이 있는 일산화 탄소 구름에 둘러싸여 있어. 생물체가 살 만한 곳이 아니라는 뜻이지.

천문학자들이 정말로 찾고 싶어 하는 **외계 행성**은 항성에서 적당히 떨어져 있어서 너무 뜨겁지도 너무 차갑지도 않은 행성이야. 이른바 **골디락스 존**에 있는 행성이지. 골디락스는 《골디락스와 곰 세 마리》라는 유명한 동화에 나오는 주인공의 이름이야.

골디락스 존에 있는 행성은 표면에 물이 있을 가능성이 높아. 그리고 대기도 풍부하다면 **외계인**이 살고 있을 가능성도 있어. 와우!

외계인은 정말 있을까?

우리가 사는 행성인 지구는 꽤 붐벼. 인구가 77억 명이 넘고 다른 수많은 생물도 우리와 함께 살고 있지. 아주 작은 세균부터 길이가 30미터에 달하는 대왕고래에 이르기까지 다양해. 그런데 다른 행성들은 어떨까? 생명체가 지구에만 있을까?

우주 전체에서 정말로 지구에만 **생명체**가 살까? 몇몇 과학자는 그럴 가능성이 매우 낮다고 생각해.

우주에는 수십억 개의 은하가 있고, 각 은하에는 수십억 개의 별이 있어. 그중에는 행성을 지닌 것이 많아. 이렇게 수많은 외계 행성 중 일부는 **물**을 비롯하여 생명체에게 필요한 모든 것을 지니고 있을 가능성이 **높아**.

생명체가 살고 있는 행성을 찾아내기만 하면 되겠다고? 그런데 외계 행성들은 엄청나게 멀리 떨어져 있어서 탐사하기가 어려워.

지구를 벗어나 가장 멀리까지 간 우주 탐사선인 **보이저 1호**와 **2호**는 1977년에 발사되어서 이제 겨우 태양계를 벗어나는 중이야. 다른 행성에 가까이 가려면 적어도 4만 년은 더 지나야 할 거야.

나사(NASA, 미국항공우주국)는 보이저호에 지구의 소리와 음악, 사진 등을 담은 골든 레코드를 실려 보냈어. 혹시 만날지도 모르는 외계인을 위한 선물이었지.

전파는 우주선보다 훨씬 더 빨리(빛의 속도보다도 더!) 훨씬 더 멀리까지 여행해. 그래서 과학자들은 거대한 전파 망원경으로 신호를 보내고, 외계 생명체가 보내는 신호를 찾아서 우주를 살피고 있어.
외계 생명체가 존재한다면,
우리가 상상하지 못한
모습일 수 있어. 우리가 외계인과
마주친다면 알아볼 수 있을까? 글쎄….
거꾸로 그들은 우리를 알아볼까?

세상의 끝을 알고 싶니?

우리는 우주의 탄생부터 현재까지를 살펴봤어. 그렇다면 끝은 어떻게 될까? 좋은 소식은 세상에 종말이 찾아오려면 **아주 멀었어.** 그러니까 마음 편히 먹고 공부하고, 쓰레기 분리 배출도 열심히 하고, 지구를 깨끗하고 건강하게 유지하기 위해 노력해야 해.

음, 여기부터는 세상의 종말을 알고 싶지 않다면 읽지 말기를….

그래도 용감하게 읽고 있다면, 칭찬해 줄게. 몇 가지 좋은 소식도 알려 주지. 태양은 주계열에 속한 별인데, 수명의 약 절반을 살았어. 과학자들은 **태양**이 적어도 50억 년은 더 밝게 빛날 만큼 수소 연료를 충분히 지니고 있다고 생각해.

하지만 수소 연료를 다 쓰기 한참 전에, 태양은 점점 더 강하게 불타면서 지구에 있는 모든 생명체들을 태워 버릴 거야.

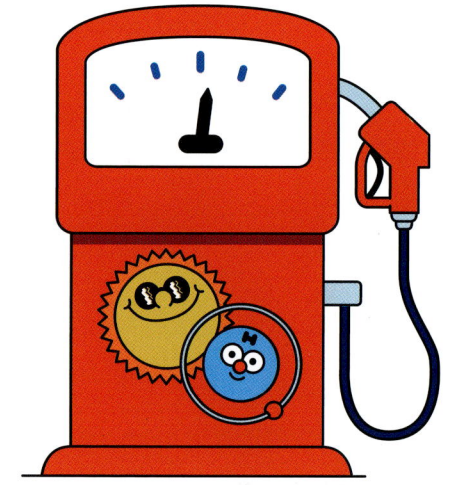

태양은 우주로 뿜어내는 에너지 양을 점점 늘리고 있어. **나사**에 따르면 10억 년마다 약 10퍼센트씩 늘어나고 있대. 이렇게 계속 태양이 뿜어내는 에너지 양이 늘어나면, 지구의 대기가 혼란해지고 물이 다 말라서 생명체가 살 수 없을 거야.

중간 크기의 별인 태양은 수소 연료를 거의 다 쓰면 팽창해서 **적색 거성**이 돼. **점점 부풀면서** 수성과 금성을 집어삼키고 현재 크기보다 2천 배 넘게 커질 거야. 시간이 더 흐르면 지구도 태양에 삼켜져서 **불타며 끝이 날 거야.**

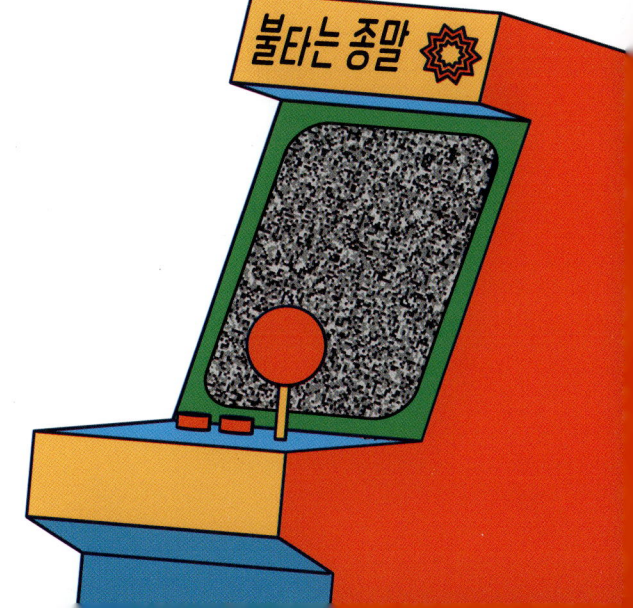

우주의 종말은?

지구가 끝난다고 해서 우주도 끝이 나는 건 아니야. 그렇다면 **우주**는 어떻게 끝이 날까? 사실은 말이지(비밀이니까 작게 말할게.), 잘 몰라. 쉿!

과학자들은 우주가 수백만 년, 아니 수십억 년이 흐른다고 해도 종말을 맞이하지 않을 거래. 우주의 끝은 그야말로 풀 수 없는 수수께끼랄까?

우주가 어떻게 종말을 맞이할지를 놓고 많은 **이론**이 나와 있어. 아주 터무니없어 보이는 것도 있지.

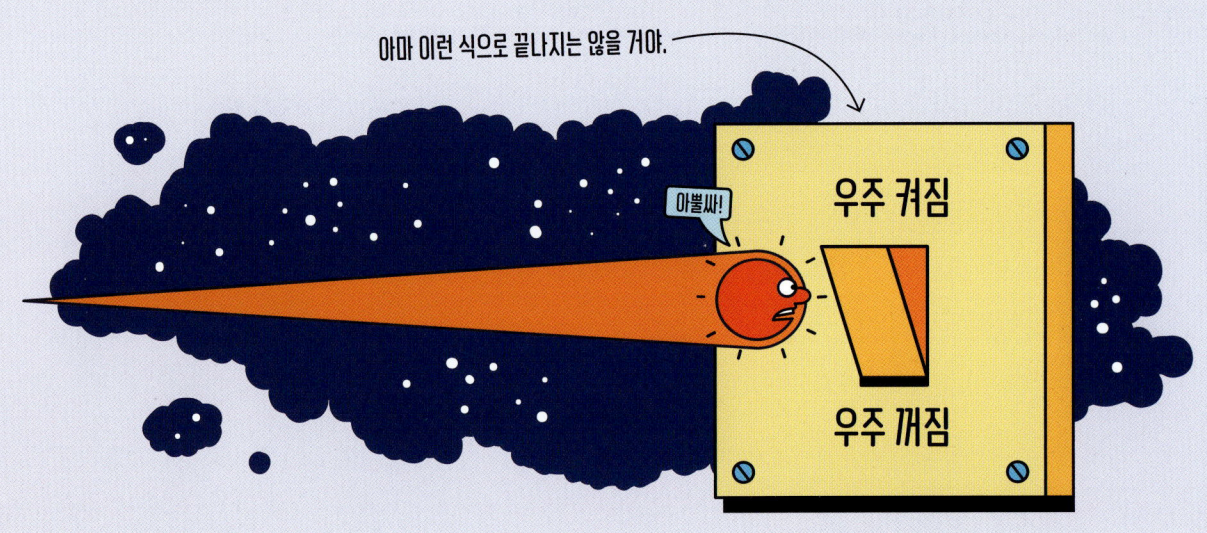

아마 이런 식으로 끝나지는 않을 거야.

설득력 있어 보이는 이론도 있어. 그중 하나는 **빅 프리즈**야.

지구가 불타서 종말을 맞이하는 것과 반대로, 우주가 수십억 년, 아니 아마도 수조 년 동안 계속 **팽창하면서 식어 간다는 거야.**

별들이 연료를 다 써서 빛을 잃고, 새로운 별도 생겨나지 못하면서 빛이 영원히 사라지고, 아주 차가워져서 열이 없는 **열적 죽음**을 맞이한다는 거지. 우주 모든 곳의 온도가 똑같이 절대 영도에 가까워질 거야. **절대 영도**는 극도로 추운 영하 273.15도의 온도를 말해. **열에너지가 전혀 없다**는 것은 흥미로운 일이 전혀 일어나지 않는다는 뜻이야. 아마도 영원히…. 인터넷도 스마트폰도 안 되는

외딴곳에서 지루하게 홀로 지내는 것과 비슷해. **영원히** 말이야.

너무 지루하고 재미가 없을 것 같다고? 그러면 더 오싹한 종말은 어때? 우주가 갈가리 **찢기거나 짜부라지는** 종말은?

찢겨 나갈까, 짜부라질까?

우주의 종말로 어느 쪽이 더 마음에 드니? 둘 다 그다지 좋게 들리지 않지?

우주에서는 거대한 두 가지 힘이 끊임없이 다투어. 레슬링으로 비유해 보자면, 한 선수는 우주의 모든 방향으로 크기를 증가시키는 **팽창력**이고, 다른 선수는 모든 것을 계속 묶어 두려는 **중력**이야. 두 명의 강력한 선수 중 누구의 힘이 더 강하냐에 따라 우주는 다른 모습의 종말을 맞이할 거야.

팽창력과 중력, 과연 누가 이길까?

빅 립

빅 립 이론은 **팽창력**이 이기는 결말이야. 우주가 점점 더 빨리 팽창해서 은하, 별에 이어 원자들까지 점점 더 서로 멀어지다가, 이윽고 모든 것이 찢겨 나가는 거야.

빅 크런치

중력이 이긴다면 종말의 모습은 전혀 달라질 거야. 마치 번지 점프 밧줄처럼, 중력은 우주의 팽창을 막고 은하들이 서로 가까워지도록 끌어당길 거야. 결국에 은하들은 모두 **부딪치고** 하나가 되면서 온도가 **수백만 도**까지 올라갈 거야.

카오스

우주 전체가 붕괴해서 상상할 수도 없이 작고 밀도가 높은 **하나의 뜨거운 점**으로 압축되는 거야. 들어 본 말 같다고? 그럴 거야. 우주가 시작된 순간, 바로 **빅뱅**의 모습과 똑같으니까!

이 모든 것을 어떻게 알아냈을까?

휴! 이제까지 정말로 놀라운 내용이 가득하지 않았니? 그렇다면 이 모든 것들을 도대체 어떻게 알아냈을까? 그건 바로 우주를 연구하는 일에 평생을 바친 수많은 사람들 덕분이야.

사람들은 이미 수천 년 전부터 **밤하늘**을 가로지르는 천체들의 지도를 작성하기 시작했어. 이야기, 신화, 심지어 종교와 관련된 천체들도 있었지. 천체들이 밤하늘을 지나는 시간을 재서 달력을 만들거나, 특정한 **별**을 길잡이로 삼는 등 실용적인 용도로 천체들을 이용했어.

와! 태양이 내 생각보다 가까이 있어.

밤에는 북극성만 따라가면 된다니까.

몇몇 아주 꼼꼼한 사람들은 별을 관측해 지도를 작성했어. 고대 그리스의 **히파르코스**와 **프톨레마이오스**, 덴마크의 **튀코 브라헤** 같은 사람들은 최고의 별 관측자였어. 이런 뛰어난 천문학자들은 모두 맨눈으로 별을 관측했어.

1600년대에 **망원경**이 등장하면서 모든 것이 달라졌어. 광학 망원경은 렌즈나 거울을 써서 우주에서 오는 빛을 구부리고 모아 멀리 있는 천체를 확대했어.

그 뒤로 사람들은 망원경과 여러 과학 기구를 써서 폭발하는 별부터 우주의 진공청소기인 **블랙홀**에 이르기까지 엄청나게 많은 천체와 우주 현상들을 발견했지.

20세기에는 처음으로 **로켓**을 써서 우주로 관측 장비를 보냈어. 그 뒤로 **행성**, **위성**, **혜성**에 우주 탐사선을 보냈어. 탐사선은 궤도를 돌거나 착륙해서 사진과 과학 자료를 지구로 보냈지. 새롭고 놀라운 정보였어. 이 정보들을 토대로 우주가 어떻게 움직이는지를 설명하는 새로운 이론들이 나왔지. 그러나 아직도 발견할 것이 아주 많아. 우리는 이제 겨우 겉핥기만 한 거야. 우주는 믿어지지 않을 만큼 **거대하니까!** 얼마나 거대하냐고? 알아볼까?

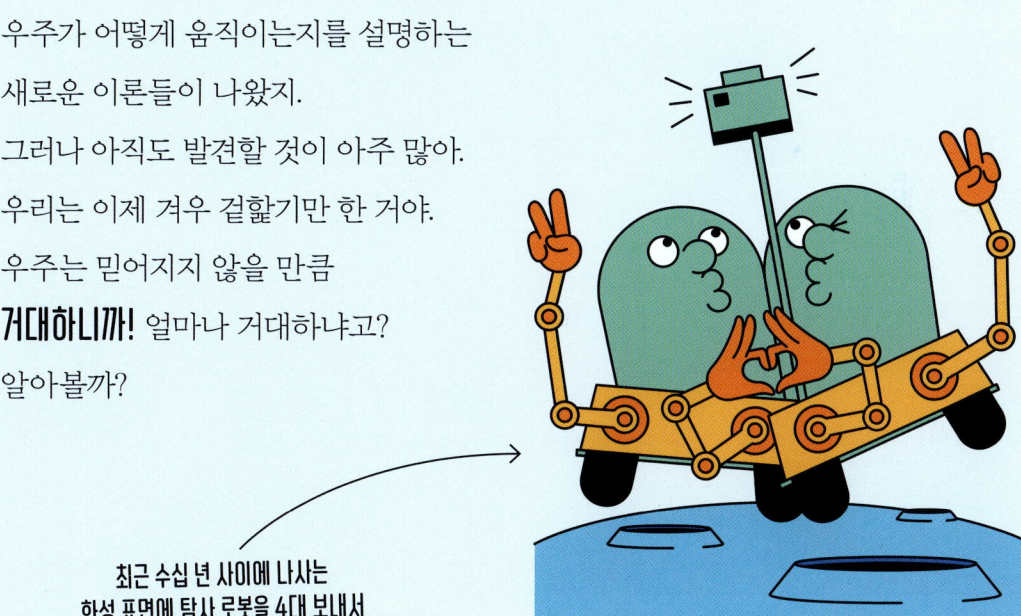

최근 수십 년 사이에 나사는 화성 표면에 탐사 로봇을 4대 보내서 다양한 자료와 사진을 얻었어.

우주는 얼마나 넓을까?

사람들은 늘 지구 구석구석을 탐사하기를 좋아했어. 하지만 우주를 같은 방식으로 직접 탐사하기란 불가능해. 모든 것이 **너무나 멀리** 떨어져 있으니까.

인간이 지구에서 가장 멀리 간 거리는 **약 400,171킬로미터**야. (세 우주 비행사가 아폴로 13호를 타고 달까지 간 거리지.) 아주 멀리 간 것 같지만, 우주에서는 그저 파리가 한 발짝 움직인 것에 불과해. 한 예로 아폴로 13호가 태양까지 가려면, 지구에게 달까지 갔던 거리보다 372배나 먼 거리를 날아가야 해.

우주는 **너무나도** 넓어서, 킬로미터 단위로는 표시하기가 힘들어. 훨씬 더 긴 거리를 재는 자가 필요해. 그래서 과학자들은 빛이 1년 동안 가는 거리(광년)를 우주의 천체와 천체 사이를 재는 단위로 써.

빛은 정말로 빨라. 1초에 299,792킬로미터를 나아가지. 고속 열차는 상대도 안 돼. 네가 이 문장을 읽는 사이에(3~4초) 빛은 1백만 킬로미터 넘게 날아갈 거야. 다시 말하자면 빛은 3~4초 사이에 지구를 25바퀴 돌 수 있어. **헉!**

빛은 1년에 **9.46조 킬로미터**를 나아가. 1조는 1백만 곱하기 1백만이고, 숫자로 쓰면 1,000,000,000,000이야. 1광년은 지구와 태양 사이의 평균 거리의 63,240배야. 이만큼 큰 수라고는 생각도 못 했다고?

우리는 우주가 정확히 얼마나 큰지 알지 못해. 가장자리를 볼 수가 없으니까. 물론 끝이 있다고 할 때 말이지만. 우리가 아는 것은 지금의 기술로 예측할 수 있는 우주의 지름이 적어도 930억 광년이라는 거야!

우주가 상상할 수 없을 만큼 **작은 점**에서 시작되었다는 것을 생각하면, 정말로 **놀라운 크기**지.

우주 탐사 시간표

우주를 탐사할 사람과 기계를 우주로 보내는 데에는 많은 노력과 창의성, 행운과 비용이 들어. 지금까지 배출된 우주 비행사는 600명도 안 되지만, 앞으로 **우주 관광**이 이루어지면 수백 명, 아니 수천 명으로 더 늘어날지 몰라.

~800년대
중국이 화약(초석을 숯, 황과 섞어서 만들었어.)을 발명해서 불꽃놀이에 썼어.

~1200년대
대나무 통에 화약을 채워서 최초로 로켓을 만들었어. 적에게 충격과 두려움을 주는 무기로 사용했지.

1924년
로켓에 푹 빠진 12세 소년 베른헤르 폰 브라운이 독일 베를린 거리에서 장난감 자동차에 로켓을 달아서 움직였어. 브라운은 나중에 나사의 수석 로켓 과학자가 돼.

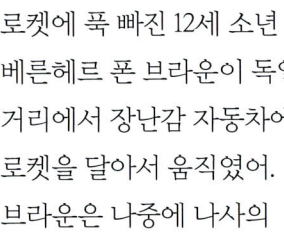

1923년
독일 과학자 헤르만 오베르트가 강력한 로켓이 어떻게 지구 중력을 벗어나서 우주로 나갈 수 있는지 설명하는 책을 썼어. 이 책은 많은 로켓 연구자들에게 영감을 주었지.

1926년
미국의 로버트 H. 고더드는 처음으로 액체 연료를 써서 로켓을 날렸어. 겨우 12.5미터를 올라간 뒤 양배추밭에 떨어졌지만…. 그래도 성공했지! 고더드는 점점 더 높이 올라가는 로켓을 개발했어.

1929년
미국 천문학자 에드윈 허블이 우주가 팽창한다는 증거를 제시했어. 엄청난 소식이었지. 나중에 빅뱅 이론이라고 불리게 될 조르주 르메트르의 논문(1927~1931)을 뒷받침해 주는 증거거든.

1500년대

기록에 따르면, 왕휘라는 중국 관리가 달에 가겠다고 의자에 로켓 47개를 달았대…. 결과는 안 좋았지. 그냥 불덩어리가 되었으니까. 윽!

1687년

천재 과학자 아이작 뉴턴은 《자연 철학의 수학적 원리》라는 책에서 중력 법칙과 운동 법칙을 설명했어. 뉴턴의 운동 법칙 덕분에 로켓, 우주선, 행성, 달이 어떻게 움직이는지 설명할 수 있게 됐어.

1903년

러시아 교사인 콘스탄틴 치올콥스키가 우주 탐사에 로켓을 어떻게 쓸 수 있을지 제시했어.

1932년

카를 잰스키가 우주에서 오는 전파를 최초로 발견했어. 그래서 전파 천문학이라는 유용한 분야가 생겼지. 잘했어, 카를!

1942년

독일이 V-2 로켓 미사일을 처음 발사했어. 고도 90~200킬로미터까지 올라갈 수 있는 로켓이었지.

1957년

소련이 R-7 로켓을 써서 최초의 인공위성 스푸트니크를 발사했어. 스푸트니크는 거의 세 달 동안 지구 궤도를 돌면서 세계의 화제가 되었지. 소련의 경쟁자인 미국은 충격을 받았어. 그래서 자신들도 인공위성을 발사하기로 결심했지.

다음 해에 기어코 익스플로러 1호를 발사하는 데 성공했어. 발사 로켓은 누가 설계했을까? 바로 베른헤르 폰 브라운이야.

1961년

소련의 유리 가가린이 작고 비좁은 보스토크 1호 우주선을 타고 우주로 올라간 최초의 인간이 되었어. 2년 뒤 가가린과 함께 훈련한 발렌티나 테레시코바가 우주로 간 최초의 여성이 되었어.

1969년

우주 비행사들을 태운 아폴로 11호가 최초로 달에 착륙했어. 닐 암스트롱과 에드윈 '버즈' 올드린은 몇 시간 동안 달 표면에 머물면서 깃발을 꽂고, 실험을 하고, 약 22.55킬로그램의 달 암석과 토양을 채집하여 지구로 가져왔어.

1972년

파이어니어 10호가 거대한 행성인 목성에 최초로 근접 비행을 했어.

1975년

베네라 9호는 금성에 착륙해, 다른 행성 표면의 사진을 찍어 최초로 지구로 전송했어. 그보다 5년 앞서 베네라 7호도 금성에 착륙했지만, 카메라가 없었어. 베네라 9호는 겨우 1시간 동안 작동한 뒤, 작동을 멈춰 버렸어.

1984년

우주 비행사 브루스 맥캔들리스가 우주선과 우주복을 줄로 연결하지 않은 채로 최초로 우주 유영을 했어. 대신에 유인 조종 장치(MMU)라는 제트팩처럼 생긴 장치를 써서 돌아다녔어.

1982년

스베틀라나 사비츠카야가 여성으로는 두 번째로 우주여행을 했어. 여성이 처음 우주로 나간 지 19년만이었지.

1990년

허블 우주 망원경을 우주로 보냈어. 그런데 문제가 생겼지. 과학자들은 온갖 분석을 한 끝에, 망원경에 안경을 씌워야 한다는 것을 알아차렸어. 렌즈에 작은 결함이 있었던 거야. 1993년에 코스타라는 일종의 첨단 콘택트렌즈를 끼워서 바로잡았지. 그제서야 허블은 수십만 장의 우주 사진을 찍어서 지구로 보냈어.

1976년

바이킹 1호와 2호가 화성 착륙에 성공했어. 이 착륙선들은 최초로 화성 표면의 사진을 찍고 흙을 분석했지.

1977년

보이저 1호와 2호가 태양계 바깥을 탐사하기 위해 발사됐어. 지금도 작동하고 있지! 2019년 11월, 보이저 1호는 지구에서 220억 킬로미터까지 갔고, 보이저 2호는 천왕성(1986)과 해왕성(1989) 옆을 지나간 최초의 우주선이 되었어.

1981년

나사가 처음으로 재사용 가능한 우주 왕복선을 쏘아 올렸어. 우주 왕복선은 로켓처럼 수직으로 발사되고 항공기처럼 수평으로 활공하면서 지구로 돌아와. 우주 왕복선들은 130번 넘게 우주를 오갔어.

> 수영장과 헬스장도 필요하지 않을까?

1990년대

허블 우주 망원경이 3,000개가 넘는 은하를 담은 '허블 딥 필드' 사진을 비롯하여 놀라우면서 과학적으로 중요한 사진들을 찍었어.

1998년

국제 우주 정거장의 첫 부품이 발사됐어. 그 뒤로 15년 동안 부품과 장비가 추가되면서 우주에서 우주 비행사들이 생활하는 가장 큰 공간이 만들어지게 돼.

여기 수영장이 있다던데요?

2001년
데니스 티토가 세계 최초의 우주 관광객이 됐어. 소유즈 우주선을 타고 국제 우주 정거장에 가서 거의 8일을 지냈지. 티토는 이 여행에 무려 2천만 달러를 썼대.

2003년
중국이 미국과 소련에 이어서 세 번째로 우주 비행사를 우주로 보냈어. 양리웨이가 선저우 5호를 타고 갔지.

2015년
뉴허라이즌스호가 지구에서 발사된 지 9년만에 명왕성에 도착했어.

2010년
2005년에 발사된 일본의 하야부사 탐사선이 소행성 이토카와 표면의 흙을 채취해 지구로 돌아왔어. 과학자들이 분석할 수 있도록 말이야.

2016년
지름 500미터인 세계 최대의 전파 망원경 패스트(FAST)가 중국에서 관측을 시작했어.

2017년
미국 우주 비행사 페기 휫슨이 국제 우주 정거장에서 세 번째 임무를 마쳤어. 여성 중에서 가장 오래 우주에 머문 기록을 세웠지. 665일이었어.

중력이 어떤 느낌이었는지 기억이 안 나!

2006년
명왕성이 행성에서 왜소행성으로 지위가 떨어졌어.

2008년
우주 비행사 하이데마리 스테파니 신-파이퍼가 국제 우주 정거장에서 우주 유영을 하다가 공구 가방을 놓쳤어. 가방은 우주로 떠나갔지. 무려 약 10만 달러가 날아간 거야! 아주 값비싼 분실 사고였어.

2009년
케플러 탐사선이 별들의 지도를 작성하고 태양계 바깥에 있는 새 행성을 찾는 엄청난 임무를 띠고 발사됐어. 대성공이었지. 2,660개가 넘는 외계 행성을 발견했으니까.

2020년
국제 우주 정거장에서 우주 비행사가 생활한 지 20년이 되었어. 총 240명 넘게 다녀갔고 그동안 수천 건의 우주 실험이 이뤄졌어.

2021년
제임스 웹 우주 망원경(JWST)이 발사될 예정이야. 허블 우주 망원경보다 훨씬 나은 성능을 지닌 이 망원경은 2025년에 관측을 시작하는 극대망원경(ELT)과 함께 우주에 관한 새롭고 더 많은 정보를 알려 줄 거야.

지구에서 우주를 여행하는 법

우주 센터나 박물관에 가거나 책, 웹 사이트, 스마트폰 앱을 활용하면 우주에 대해 많은 걸 배울 수 있어!

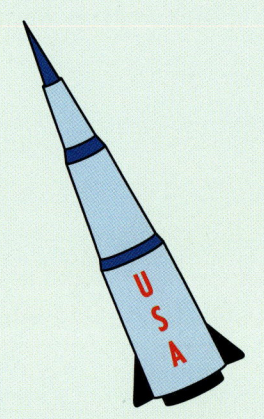

케네디 우주 센터, 미국

https://www.kennedyspacecenter.com

우주광이라면 아폴로 달 탐사선을 발사한 곳을 모를 수 없지. 이곳에는 역대 우주선, 로켓 등 전시물이 가득해. 플로리다주에 가면 꼭 들러 봐. 나사의 우주 비행사와 함께 센터를 둘러보고 대화도 나눌 수 있어.

스타 시티, 러시아 http://www.gctc.su

모스크바에 있는 이 멋진 곳은 1960년대부터 러시아의 우주 비행사들이 훈련을 받던 곳이야. 정식 이름은 유리 가가린 우주인 훈련 센터지. 예전에는 극비 시설이었지만, 지금은 관람하면서 우주 식량을 먹거나 우주복을 입거나 우주선을 조종하는 등 다양한 체험을 할 수 있어.

르부르제 항공 우주 박물관, 프랑스 https://www.museeairespace.fr/en

파리 근교에 있어. 유럽에서 개발한 위성 발사용 로켓인 아리안 로켓이 전시되어 있고, 우주 비행사 훈련 과정과 우주 정거장 생활을 체험하고 별을 관측할 수 있어.

GDC 천문대, 오스트레일리아

https://gravitycentre.com.au/observatory

웨스턴오스트레일리아주에 있고, 천문학자의 안내를 받으며 별을 관측할 수 있어. 또 원주민 원로들과 밤하늘에 관한 전문 지식과 이야기를 나누는 원주민 천문학 시간도 있어.

국립 우주 센터, 영국

https://spacecentre.co.uk

실제 로켓이 있어 그 안에 들어가 볼 수 있고, 우주 정거장을 체험해 볼 수도 있어. 실제 달 암석도 전시되어 있어. 우주에 관심이 있는 사람이라면 반드시 가 봐야 할 곳이야.

나로우주센터 우주과학관, 한국

https://www.kari.re.kr/narospacecenter

나로우주센터는 우리나라 최초의 우주 발사체, 나로호를 발사한 곳이야. 첨단 장비와 시설을 갖춘 우주 기지지! 우주과학관에는 로켓, 인공위성, 우주 탐사 등을 주제로 다양한 전시물과 체험 프로그램이 있어.

우리나라에 있는 우주 센터와 박물관, 천문대를 더 소개해 줄게.

제주항공우주박물관 (제주 서귀포시) https://www.jdc-jam.com
아시아 최대 규모의 항공우주박물관으로 볼거리와 체험거리가 많아.

국립청소년우주센터 (전라남도 고흥군) https://nysc.kywa.or.kr
실험과 체험을 통해 천문, 항공, 우주에 대한 지식을 배울 수 있는 곳이야.

KAI 항공우주박물관 (경상남도 사천시) http://kaimuseum.co.kr
우리나라의 항공우주과학과 관련된 자료를 보존하고 관리, 전시하는 곳이야.

예천천문우주센터 (경상북도 예천군) http://portsky.net
천문과 우주를 주제로 한 테마 공원이야. 대형 천체 망원경으로
우주를 관측할 수 있어.

별마로천문대 (강원도 영월군) http://www.yao.or.kr
다양한 천체 망원경으로 달과 별, 행성을 관측할 수 있어.

밀양아리랑 우주천문대 (경상남도 밀양시) https://www.miryang.go.kr/astro
재미난 외계인 이야기를 보고, 천체 투영기와 망원경으로 멋진 밤하늘도 볼 수 있어.

웹 사이트

https://smart.science.go.kr
전국과학관길라잡이는 우리나라의 과학관과 전시, 행사를 소개하는 사이트야.

http://www.spacetimes.co.kr
스페이스타임즈는 우주에 관한 흥미로운 기사와 자료가 가득한 온라인 잡지야.

https://www.kari.re.kr
한국항공우주연구원(KARI) 사이트.

http://www.nasa.gov
미국항공우주국(NASA) 사이트.

http://www.esa.int
유럽우주기구(ESA) 사이트.

http://www.roscosmos.ru
러시아연방우주국(ROSCOSMOS) 사이트.

https://www.rocketstem.org
차세대 로켓 과학자와 천문학자를 위한 온라인 잡지.

https://esahubble.org/images/archive/top100
허블 우주 망원경이 찍은 놀라운 우주 사진 100장을 볼 수 있는 곳.

스마트폰 앱

ISS HD 라이브 / ISS Live Now 국제우주정거장(ISS)에서 보이는 지구의 실시간 동영상을 볼 수 있어.

우주 퀴즈

앞서 읽은 내용을 떠올리며 퀴즈를 풀어 봐. 책을 다시 펼쳐 봐도 좋아!

1 우주가 시작되고 1초도 안 되는, 아주아주 짧은 기간의 이름은?

2 우주에서 가장 풍부한 원소는?

3 망원경으로 우주를 본다면, 우리는 우주의 과거를 보고 있는 것일까? 미래를 보고 있는 것일까?

4 초기 우주에서 빛이 나아가는 것을 가로막았던 입자는?

5 우주의 모든 물질 중 5분의 4 이상을 차지하고 있다고 여겨지는 수수께끼 같은 물질은?

6 별의 중심핵에서 다른 원소들과 융합하지 않아서 별을 죽게 만드는 원소는?

7 별을 온도에 따라 분류할 때 가장 뜨거운 별의 스펙트럼형은?

8 우리은하 다음으로 처음 발견된 은하의 이름은?

9 우리은하가 속한 초은하단의 이름은?

10 밤하늘에서 어떤 천체가 붉은색을 띠는 이유는?

11 별이 초신성이 된 뒤에 생길 수 있는 두 기이한 천체의 이름은?

12 커다란 행성이 되기 전에 먼지들이 뭉쳐져서 만들어진 작은 행성을 부르는 이름은?

13 태양계에서 옆으로 누워서 도는 행성은?

14 유성체와 유성의 차이는?

15 고대 그리스 사람들는 혜성을 뭐라고 불렀을까?

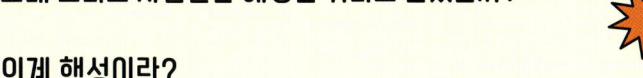

16 외계 행성이란?

17 '탈기'란?

18 빅뱅 이후에 나타난 우주를 지배하는
   네 가지 기본 힘은?

답은 125쪽에 있어!

용어 설명

광년 빛이 1년 동안 간 거리. 약 9.46조 킬로미터. 천체와 천체 사이의 거리를 나타내는 단위이다.

궤도 행성이나 별의 주위를 도는 원형이나 타원형의 경로. 지구는 태양 궤도를 돌고, 달은 지구 궤도를 돈다.

나사(NASA) 미국 국립 항공 우주국의 줄임말. 미국의 우주 개발 계획을 추진하기 위하여 설립된 정부 기관.

대기 천체의 표면을 둘러싸고 있는 기체층. 지구의 대기는 주로 질소, 산소, 이산화 탄소를 비롯해 여러 기체들로 이루어져 있다.

동주기 자전 위성의 자전 속도와 공전 속도가 같은 현상. 즉, 위성이 행성 주위를 한 번 공전하는 시간과 스스로 한 바퀴 자전하는 시간이 같다는 것. 그래서 위성은 늘 행성에 같은 면만 보여 준다.

방사성 불안정한 원자에서 방출되는 에너지.

빅뱅 이론 아주아주 작은 점이었던 우주가 138억 년 전에 엄청난 속도로 팽창하면서 우주가 시작되었다는 이론.

산소 자연에 기체로 존재하는 화학 원소로, 지구 대기의 약 20퍼센트를 차지하며 생명체에게 꼭 필요하다.

성운 우주에 있는 먼지와 가스가 구름 모양으로 퍼져 보이는 천체.

소행성 태양 궤도를 도는 행성보다 작은 불규칙한 모양의 작은 행성.

| 수소 | 원자가 전자 하나와 양성자 하나로만 이루어진 가장 가벼운 화학 원소이자 우주에서 가장 흔한 원소. |

안테나　우주선이나 망원경에 설치되어 전파 신호를 보내거나 받는 데 쓰이는 접시나 막대.

암흑 물질　보이지는 않지만, 우주에 있는 모든 물질의 5분의 4 이상을 차지하는 알 수 없는 물질.

암흑 에너지　우주 팽창을 일으킨다고 여겨지는 아직 관측되거나 측정된 적이 없는 에너지 또는 힘.

왜소행성 (왜행성)　태양 주위를 돌고, 다른 행성의 위성이 아니며, 소행성보다 크고 행성보다 작은 천체. 명왕성과 케레스가 여기에 속한다.

외계 생명체　지구 이외의 천체에 존재할 거라 추측되는 생명체.

우주　물질, 에너지, 시간을 비롯하여 모든 것을 품고 있는 공간 전체. 한마디로 모든 것!

우주 탐사선　우주로 발사하여 태양계 천체를 조사하고 그 정보를 지구로 보내는 우주선. 사람의 탑승 여부로 유인 우주선과 무인 우주선으로 나눈다.

운석　행성 대기를 끝까지 뚫고 들어와 다 타지 않고 지표면에 충돌하는 유성체.

원자　물질을 이루는 가장 작은 알갱이.

원자핵　원자의 중심에 중성자와 양성자가 뭉쳐 있는 것.

위성   행성의 주위를 도는 천체.
            지구 주위를 도는 달처럼 자연적인 것도 있고, 지구나 다른 천체의 궤도를 돌도록 발사한 우주 탐사선 같은 인공적인 것도 있다.

유성   행성 대기로 들어와 지표면에 닿기 전에 불타며 사라지는 유성체.

유성체   우주를 떠돌아다니는 작은 암석이나 금속 덩어리.

은하   별, 행성, 가스 구름, 먼지 같은 것들이 중력으로 묶여 있는 집단.
            지구가 속해 있는 은하를 '우리은하'라고 부른다.

중력   천체들이 서로 끌어당김으로써 우주 공간으로 뿔뿔이 흩어지는 것을 막는 보이지 않는 인력.

질량   물체가 지닌 물질의 양.

초신성   질량이 큰 별이 진화하는 마지막 단계로, 급격한 폭발로 일시적으로 엄청나게 밝아진 뒤 점차 사라진다.

펄서   아주 빨리 자전하면서 전파를 비롯한 전자기파를 뿜어내는 아주 작고 밀도가 높은 별.

핵융합 반응   원자핵이 결합하여 더 무거운 원자핵이 되면서 엄청난 에너지를 생성하는 반응.

행성   별의 주위를 돌며 스스로 빛을 내지 못하는 큰 공 모양의 천체.

화학 원소 (원소)   물질을 구성하는 원자의 종류. 각 원자의 성질에 따라 이름 붙였다.
우리가 현재 알고 있는 화학 원소는 모두 118종이다.

우주 퀴즈 정답

1. 플랑크 시대 (막스 플랑크의 이름을 땄음.)
2. 수소
3. 과거
4. 자유 전자
5. 암흑 물질
6. 철
7. O형
8. 안드로메다은하
9. 라니아케아 초은하단
10. 지구에서 멀어지고 있기 때문에. 천체가 멀어져 가면 천체에서 나오는 빛이 죽 늘어나기 때문에 붉게 보여. 이를 적색 편이라고 해.
11. 블랙홀, 중성자별
12. 미행성
13. 천왕성
14. 유성체는 우주를 떠도는 작은 암석 덩어리야. 유성체가 지구 대기로 들어와서 불타기 시작하면 유성이라고 해.
15. 털북숭이 별
16. 태양계 바깥에서, 태양이 아닌 다른 별을 도는 행성
17. 행성의 화산 활동으로 행성 내부에 있던 기체가 밖으로 뿜어지는 것.
18. 강한 핵력, 약한 핵력, 전자기력, 중력

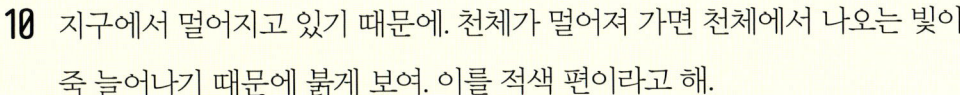

찾아보기

갈릴레이, 갈릴레오 74
광자 26~29, 31
뉴턴, 아이작 24, 109
달 74~76, 106, 109, 110, 111
망원경 32, 46, 48, 53, 56, 74, 97, 105, 110, 112~115
미행성 68~69, 71
벨, 조슬린 64
별 18, 24~25, 27, 37, 38~51, 56~65, 68, 96, 98, 99, 101, 104~105, 115
블랙홀 21, 61~64, 67
빅뱅 9, 13, 15, 16, 18, 20~23, 26, 28, 30, 32~33, 36~38, 41, 92, 103, 108
빛 12, 22, 26~27, 28~29, 38~40, 56~57, 62~63, 101, 105~107
산소 15, 41, 43, 89, 90
성운 44, 52, 59
세이건, 칼 93
소행성 74, 77~80, 84, 91, 114
수소 15~17, 31, 36, 38, 40, 42, 58, 61, 69, 88, 98~99
시간 7, 9, 20~21, 28, 56
아인슈타인, 알베르트 21
암흑 물질 35, 37, 46
암흑 에너지 66~67
양성자 13~18, 22, 30, 41
외계 행성 94~95, 115
외계인 7, 96~97
우리은하 47~49, 51~55, 62, 92
우주 마이크로파 배경 복사 33~34, 110
우주 암흑 시대 36
우주 탐사 32, 96, 105, 108~109, 117
우주-시작 8~13
　　　-팽창 9, 11, 18~19, 30, 33, 57, 66~67
　　　-종말 100~103

운석 81
원소 15~17, 41~44, 61
원자 13~17, 22, 30~31, 38, 41, 43, 103
위성 74~77, 111, 116~117
윌슨, 로버트 32, 110
유성 80~81
유성체 80
은하 25, 45~49, 51~56, 61~62, 66~67, 96, 103, 113
인류 92~93
재결합 31, 33
전자 12~15, 17, 22, 28~31, 41
전자기력 22
주기율표 15
중력 23~25, 34~35, 37, 44~46, 54, 61, 63~66, 69~71, 74, 76~78, 88, 102~103, 109
중성자 13~18, 22
지구 24, 56~57, 64~65, 72~77, 79, 83~93, 96~99
탄소 15, 42~43
태양 25, 27, 39, 45, 58~59, 68~69, 90, 98~99
태양계 68~70, 72~73, 92, 94, 96, 113, 115
펄서 64~65
펜지어스, 아노 32, 110
플랑크 시대 10~11
핵력 22, 25
핵융합 38, 43~45, 51
핵합성 시대 15~17
행성 24~25, 68~75, 93~96, 105, 109~110, 112, 115
허블, 에드윈 52~53, 108
헬륨 15, 17, 30~31, 36, 38, 42~43, 58, 88
혜성 82~84, 105
휴이시, 앤터니 64~65

글 클라이브 기퍼드

과학, 정치, 경제 등 다양한 분야의 지식을 담은 많은 책들을 펴낸 작가이자 저널리스트입니다.
그의 책들은 영국 왕립협회, 스미스소니언협회, 학교도서관협회 등 여러 기관에서 상을 받았습니다.
쓴 책으로 《빠르게 보는 돈의 역사》, 《빠르게 보는 수학의 역사》 등이 있습니다.

그림 롭 플라워스

개성 있고 유머러스한 캐릭터와 밝고 화려한 색감이 돋보이는 그림을 그립니다. 광고, 뮤직비디오,
삽화 작업 등 다양하게 활동합니다. 그린 책으로 《빠르게 보는 돈의 역사》, 《민속 축제》 등이 있습니다.

옮김 이한음

서울대학교에서 생물학을 공부하고, 과학책을 쓰거나 우리말로 옮기고 있습니다.
지은 책으로 《바스커빌가의 개와 추리 좀 하는 친구들》, 《생명의 마법사 유전자》 등이 있고,
《초등학생이 알아야 할 우리 몸 100가지》, 《숲, 모두의 숲》, 《로봇 백과》 등 많은 책을 우리말로 옮겼습니다.

빠르게 보는 우주의 역사 우주의 탄생에서 현재까지

클라이브 기퍼드 글 | 롭 플라워스 그림 | 이한음 옮김

초판 1쇄 펴낸날 2021년 9월 3일 | 초판 2쇄 펴낸날 2023년 3월 30일
편집장 한해숙 | 편집 신경아, 고영순 | 디자인 최성수, 이이환
마케팅 박영준, 한지훈 | 홍보 정보영, 박소현 | 경영지원 김효순
펴낸이 조은희 | 펴낸곳 ㈜한솔수북 | 출판 등록 제2013-000276호
주소 03996 서울시 마포구 월드컵로 96 영훈빌딩 5층 | 전화 02-2001-5822(편집), 02-2001-5828(영업)
전송 02-2060-0108 | 전자우편 isoobook@eduhansol.co.kr
블로그 blog.naver.com/hsoobook | 페이스북 soobook2 | 인스타그램 soobook2
ISBN 979-11-7028-814-5, 979-11-7028-813-8(세트)

A Quick History of the Universe

ⓒ 2020 Quarto Publishing Plc
Text ⓒ 2020 Clive Gifford
Illustrations ⓒ 2020 Rob Flowers
First published in 2020 by Wide Eyed Editions, an imprint of The Quarto Group.
All rights reserved.
Korean language edition ⓒ 2021 by Hansol Soobook
Korean translation rights arranged with The Quarto Group through EntersKorea Co., Ltd., Seoul, Korea.
이 책의 한국어판 저작권은 ㈜엔터스코리아를 통한 저작권사와의 독점 계약으로 ㈜한솔수북이 소유합니다.
저작권법에 의해 한국 내에서 보호를 받는 저작물이므로 무단 전재 및 복제를 금합니다.

어린이제품안전특별법에 의한 제품 표시
품명 도서 | 사용연령 만 7세 이상 | 제조국 대한민국 | 제조자명 ㈜한솔수북 | 제조년월 2023년 3월

※ 값은 뒤표지에 있습니다.

큐알 코드를 찍어서
독자 참여 신청을 하시면
선물을 보내 드립니다.

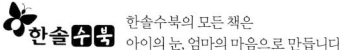
한솔수북의 모든 책은
아이의 눈, 엄마의 마음으로 만듭니다.